AF331508

LA

# CÉRAMIQUE JAPONAISE

PARIS

TYPOGRAPHIE ET CHROMOLITHOGRAPHIE DE FIRMIN-DIDOT ET Cⁱᵉ

56, RUE JACOB, 56

# LA
# CÉRAMIQUE
## JAPONAISE

PAR

## G. A. AUDSLEY & JAMES L. BOWES

DE LIVERPOOL

ÉDITION FRANÇAISE

PUBLIÉE SOUS LA DIRECTION DE M. A. RACINET

TRADUCTION DE M. P. LOUISY

*TOME SECOND*

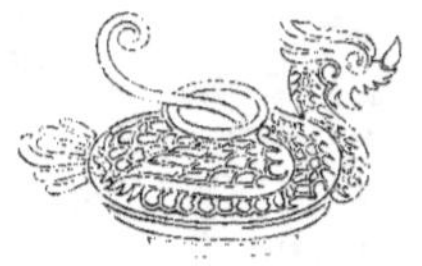

PARIS

LIBRAIRIE DE FIRMIN-DIDOT ET Cᵉ

IMPRIMEURS DE L'INSTITUT

56, RUE JACOB, 56

1880

Tous droits réservés

# LISTE DES OBJETS

REPRODUITS DANS CET OUVRAGE

## EN CHROMOLITHOGRAPHIE ET EN AUTOTYPE

AVEC LES NOMS DE LEURS PROPRIÉTAIRES

| PLANCHES | PROVENANCES | OBJETS | NOMS DES PROPRIÉTAIRES |
| --- | --- | --- | --- |
| I | Fizen. | Potiche. | Musée japonais, à Dresde. |
| II | — | Potiche. | — |
|  | — | Cornet. | — — |
| III | — | Gourde triple. | — — |
|  | — | Cornet. | — — |
| IV | — | Grand plat. | Rae (G.). |
|  | — | Grand plat. | Collection Bowes. |
|  | — | Paire de petits bols à facettes. | Duc d'Édimbourg. |
|  | — | Bol à cannelures. | Franks (A.-W.). |
|  | — | Bol vieux *kikou*. | Bartlett (W.). |
|  | — | Bol. | Collection Bowes. |
| V | — | Bol. | Walter (major J.). |
|  | — | Bol. | Franks (A.-W.). |
|  | — | Soucoupes (deux). | — |
|  | — | Bol vieux *kikou*. | — |
|  | — | — — | Collection Bowes. |
|  | — | Bassin presque plat. | Franks (A.-W.). |
| VI | — | Potiche à couvercle. | Collection Bowes. |
| VII | — | Plat. | — |
|  | — | Plat à sauce. | Audsley (G.-A.). |
|  | — | Pot. | Dunlop (Walter). |
|  | — | Couple d'assiettes. | Salt (Édouard). |
| VIII | — | Plat carré. | Beck (Joseph). |
|  | — | Assiettes rondes. | — |
|  | — | Figurine de bourgeois. | Collection Bowes. |
| IX | — | Couple de pots. | Duc d'Édimbourg. |
|  | — | Couple de petites lampes d'autel. | Collection Bowes. |
|  | Céladon. | *Sennen* bouddhiste, statuette. | Schultz (G.-E.). |
|  | — | Vase enclavé [1]. | Collection Bowes. |
|  | — | Vase. | — |
|  | — | *Bouddha*, ancienne statuette. | — |
|  | — | *Hotéi*, ancienne statuette. | — |
|  | — | Petit panneau. | — |
|  | — | Cassolette [1]. | — |
| X | — | Cassolette [2]. | — |
|  | — | Lion vu de face [2]. | — |
|  | — | Lion japonais. | — |
|  | — | Vase à anses [2]. | — |
|  | — | Vase d'un brun verdâtre. | — |
|  | — | Vase d'un vert léger. | — |
|  | — | Pot à fleurs [1]. | — |
|  | — | Lion accroupi [2]. | — |

A

| PLANCHES | PROVENANCES | OBJETS | NOMS DES PROPRIÉTAIRES |
|---|---|---|---|
|  | Céladon. | Chandelier. | Collection Bowes. |
| X | — | Cassolette [1]. | — |
|  | — | Figurine historique [1]. | — |
| XI | Satsouma. | Vases (trois). | Beck (Joseph). |
| XII | — | Grand vase et support. | Collection Bowes. |
|  | — | Paire de grands vases. | Pilkington (lieut.-col. J.). |
| XIII | — | Vases (deux). | Collection Bowes. |
|  | — | Vase réticulé. | Audsley (G.-A.). |
| XIV | — | Ancien cornet à fleurs [3]. | Collection Bowes. |
|  | — | Vase [3]. | Prinsep (V.-C.). |
| XV | — | Grande potiche [3]. | Walker (sir A. Barclay). |
| XVI | — | Plateau oblong. | Collection Bowes. |
|  | — | Théière. | Leighton (sir Frédéric). |
|  | — | Petit flacon. | Collection Bowes. |
|  | — | Théière. | — |
| XVII | — | Bol à thé. | Beck (Joseph). |
|  | — | Bol à thé. | Collection Bowes. |
|  | — | Bol à thé. | Beck (Joseph). |
|  | — | Couple d'assiettes à six pans. | — |
|  | — | Plateau oblong. | — |
| XVIII | — | Plateau en forme d'éventail. | Alexander (W.-C.). |
|  | — | Grand plat. | Collection Bowes. |
|  | — | Paire de potiches. | — |
|  | — | Vase. | Prinsep (V.-C.). |
| XIX | — | Vase. | Collection Bowes. |
|  | — | Pot. | — |
|  | — | Potiche ronde [3]. | Alt (W.-J.). |
| XX | — | Koro. | Collection Bowes. |
|  | — | Koro ancien [5]. | Walter (major J.). |
|  | — | Paire de vases. | Audsley (G.-A.). |
|  | — | Vase. | Collection Bowes. |
|  | — | Paire de vases avec support. | — |
|  | — | Vase. | — |
| XXI | — | Petits vases. | Beck (Joseph). |
|  | — | Brûle-parfums. | Collection Bowes. |
|  | — | Vase cylindrique perforé. | Walter (major J.). |
|  | — | Hibatchi. | Audsley (W.-J.). |
|  | — | Vase. | Walter (major J.). |
|  | — | Enfants jouant, groupe. | — |
|  | — | Koro. | Collection Bowes. |
|  | — | Bols à couvercle (deux). | — |
|  | — | Chandelier. | — |
|  | — | Théière. | — |
| XXII | — | Porte-bouquet. | — |
|  | — | Bocal. | — |
|  | — | Porte-bouquet. | Audsley (W.-J.). |
|  | — | Paire de vases [5]. | Mathison (William). |
|  | — | Vase. | Audsley (G.-A.). |
|  | — | Vase [5]. | Audsley (W.-J.). |
|  | — | Grand vase. | Collection Bowes. |
| XXIII | — | Grand vase [6]. | Walker (sir A. Barclay). |
|  | — | Vase. | Samuel (Harry). |
|  | Isi. | Paire de vases. | Collection Bowes. |
|  | — | Boîte à couvercle. | — |
| XXIV | — | Assiette. | — |
|  | — | Pot. | — |
|  | — | Assiette écornée. | Spiers (R.-Phené). |

| PLANCHES | PROVENANCES | OBJETS | NOMS DES PROPRIÉTAIRES |
|---|---|---|---|
| XXIV | Isi. | Petites théières (deux). | Collection Bowes. |
| | — | Petit *koro*. | — |
| | Isi et autres provenances. | Brûle-parfums. | — |
| | — | Vase de Kioto. | — |
| | — | Bols à thé, *rakou* (deux). | — |
| | — | Bol à thé, vieux grès. | — |
| | — | Vase. | — |
| | — | Théières *banko* (quatre). | — |
| XXV | — | Assiette. | — |
| | — | Assiettes en forme de feuille (deux). | — |
| | — | Assiette *ko hagi*. | — |
| | — | Flacons à *saki* (deux). | — |
| | — | Bouteille en gourde. | — |
| | — | Pot à eau. | — |
| | — | Vase réticulé. | — |
| XXVI | Kaga. | Grand vase. | — |
| XXVII | — | Bol. | Duc d'Édimbourg. |
| | — | Grande bouteille. | Beck (Joseph). |
| XXVIII | — | Vases (deux). | Musée de South Kensington. |
| XXIX | — | Bouteille double. | Gaskell (Holbrook). |
| | — | Bouteille double. | Harvey (Enoch). |
| | — | Bouteille double. | Schultz (G.-E.). |
| XXX | — | Grands plats (deux). | Collection Bowes. |
| | — | Brûle-parfums. | — |
| | — | Bocal à couvercle. | Beck (Joseph). |
| XXXI | — | Petite coupe. | Collection Bowes. |
| | — | Assiette. | — |
| | — | Tasse. | — |
| | — | Petite théière. | — |
| XXXII | — | Bol. | Morris (John-Grant). |
| | — | Bols (deux). | Collection Bowes. |
| | — | Bol. | Gaskell (Holbrook). |
| | — | Bol. | Edis (R.-W.). |
| | — | Plat. | Collection Bowes. |
| | — | Petites théières (quatre). | — |
| | — | Théière polychrome. | — |
| XXXIII | — | Flacons à *saki*. | — |
| | — | Théière. | Spiers (R.-Phené). |
| | — | Grand plat. | Edis (R.-W.). |
| | — | Assiettes à six pans. | Walter (major J.). |
| | — | Plat. | Beck (Joseph). |
| | — | Fontaine à thé couverte. | Walter (major J.). |
| | — | Cafetière. | Collection Bowes. |
| | — | Cloches d'un plat à riz (deux). | — |
| | — | Pot à couvercle. | — |
| XXXIV | — | Plat. | — |
| | — | Bouteille. | Beck (Ernest). |
| | — | Bols (quatre). | Collection Bowes. |
| | — | Couple de plats. | Beck (Ernest). |
| XXXV | Kioto. | Paire de vases. | Walter (major J.). |
| | — | Grand *hibatchi*. | Collection Bowes. |
| XXXVI | — | Petit *hibatchi*. | — |
| | — | Bol. | — |
| | — | *Kan-wou*, figurine assise [1]. | — |
| XXXVII | — | Chèvre debout [1]. | — |
| | — | Grue [1]. | — |

| PLANCHES | PROVENANCES | OBJETS | NOMS DES PROPRIÉTAIRES |
|---|---|---|---|
|  | Kioto. | *Daïkokou*, statuette [3]. | Collection Bowes. |
|  | — | *Yébis*, statuette. | — |
| XXXVII | — | *Hotéi,* statuette [3]. | — |
|  | — | Un astronome, statuette [1]. | — |
|  | — | Enfant jouant avec une assiette. | — |
|  | — | *Hito-maro,* poète. | — |
|  | — | Petit *koro*. | — |
|  | — | Vase de Taïzan. | — |
|  | — | Bols à thé (trois). | — |
| XXXVIII | — | Coupe. | Beck (Joseph). |
|  | — | Petite coupe. | Collection Bowes. |
|  | — | *Hibatchi*. | — |
|  | — | Pot. | — |
| XXXIX | — | Grands plats (deux). | — |
| XL | — | Grande potiche. | Gaskell (Holbrook). |
|  | — | *Koro*. | Alt (W.-J.). |
| XLI | — | *Hibatchi*. | Collection Bowes. |
|  | — | — | — |
|  | — | Dame en toilette de cérémonie, statuette. | Rathbone (P.-H.). |
| XLII | — | Dame de la cour, statuette. | — |
|  | — | Dame en toilette de théâtre, statuette. | Audsley (W.-J.). |
|  | — | Paire de potiches. | Audsley (G.-A.). |
|  | — | Vase. | — |
|  | — | Paire de petits porte-bouquet. | Collection Bowes. |
|  | — | Paire de grands porte-bouquet. | — |
| XLIII | — | Homme et femme, statuettes. | — |
|  | — | Paire de petits porte-bouquet. | Grimsdale (T.-F.). |
|  | — | Couple de carafes. | Spiers (R.-Phené). |
|  | — | Dame de la cour, statuette. | Collection Bowes. |
|  | — | Paire de vases modernes. | Spiers (R.-Phené). |
|  | — | Vase. | Collection Bowes. |
|  | — | Paire de vases cylindriques. | — |
|  | — | Vase à fleurs. | — |
|  | — | Paire de vases. | — |
| XLIV | — | *Hibatchis* (deux). | Walter (major J.). |
|  | — | Assiette à dessert. | — |
|  | — | Figurine. | — |
|  | — | Porte-bouquet. | Collection Bowes. |
|  | — | Bouteille. | Beck (E.). |
| XLV | Owari. | Grande plaque oblongue. | Collection Bowes. |
|  | — | Vase. | Walter (major J.). |
| XLVI | — | Paire de potiches à fleurs. | Collection Bowes. |
|  | — | Porte-bouquet. | Franks (W.-A.). |
|  | — | Porte-bouquet. | Collection Bowes. |
| XLVII | — | Porte-bouquet. | Duc d'Édimbourg. |
|  | — | Porte-bouquet. | Musée de South Kensington. |
|  | Awadji et autres provenances. | Grand *hibatchi*. | Collection Bowes. |
| XLVIII | — | Bols à thé (deux). | — |
|  | — | Vase d'Awadji. | Walter (major J.). |
|  | — | Vases d'Awadji (deux). | Collection Bowes. |
| XLIX | — | Vase à fleurs. | — |
| L | Figurines en faïence et poterie de grès. | *Chiou-Rô*, statuette. | — |
|  | — | Cerf [6]. | — |

| PLANCHES | PROVENANCES | OBJETS | NOMS DES PROPRIÉTAIRES |
|---|---|---|---|
| | Figurines en faïence et poterie de grès. | *Hotéi*, statuette [7]. | Collection Bowes. |
| | — | *Sennen* bouddhiste, statuette. | — |
| | — | Cornet à fleurs [8]. | — |
| | — | *Foukouro-Koudjin,* statuette. | — |
| L | — | Grue au repos. | — |
| | — | *Daïkokou*, statuette. | — |
| | — | *Gama Sannen,* statuette [2]. | — |
| | — | Cheval lancé au galop. | — |
| | — | Lion debout [9]. | — |
| | — | Combat de lions. | — |
| | — | *Sennen* bouddhiste, statuette. | — |
| | — | *Daïkokou,* statuette [10]. | — |
| | — | *Sennen* bouddhiste, statuette [2]. | — |
| LI | — | *Choïki* avec l'*Oni,* statuette [3]. | — |
| | — | *Tochi-tokou,* statuette [8]. | — |
| | — | *Chiou-Rô,* statuette [5]. | — |
| | — | *Gama Sannen,* statuette [6]. | — |
| | — | Lion [6]. | — |

[1] Articles de Sanda, faits dans la province de Setsou.

[2] Articles d'Okawadji, faits dans la province de Fizen.

[3] Ces pièces sont probablement l'œuvre de Kozan, de la fabrique d'Ota, prés Yokohama.

[4] Depuis la reproduction de ces pièces, elles ont été assimilées à la faïence de Satsouma.

[5] Des renseignements récents ont amené les auteurs à penser que ces objets sortent des ateliers de Chiba, à Tokio.

[6] Articles de Kioto.

[7] Articles d'Akazou, faits dans la province d'Owari.

[8] Articles de Bizen.

[9] Articles de Tamba.

[10] Articles de Takatori, faits dans la province de Chikouzen.

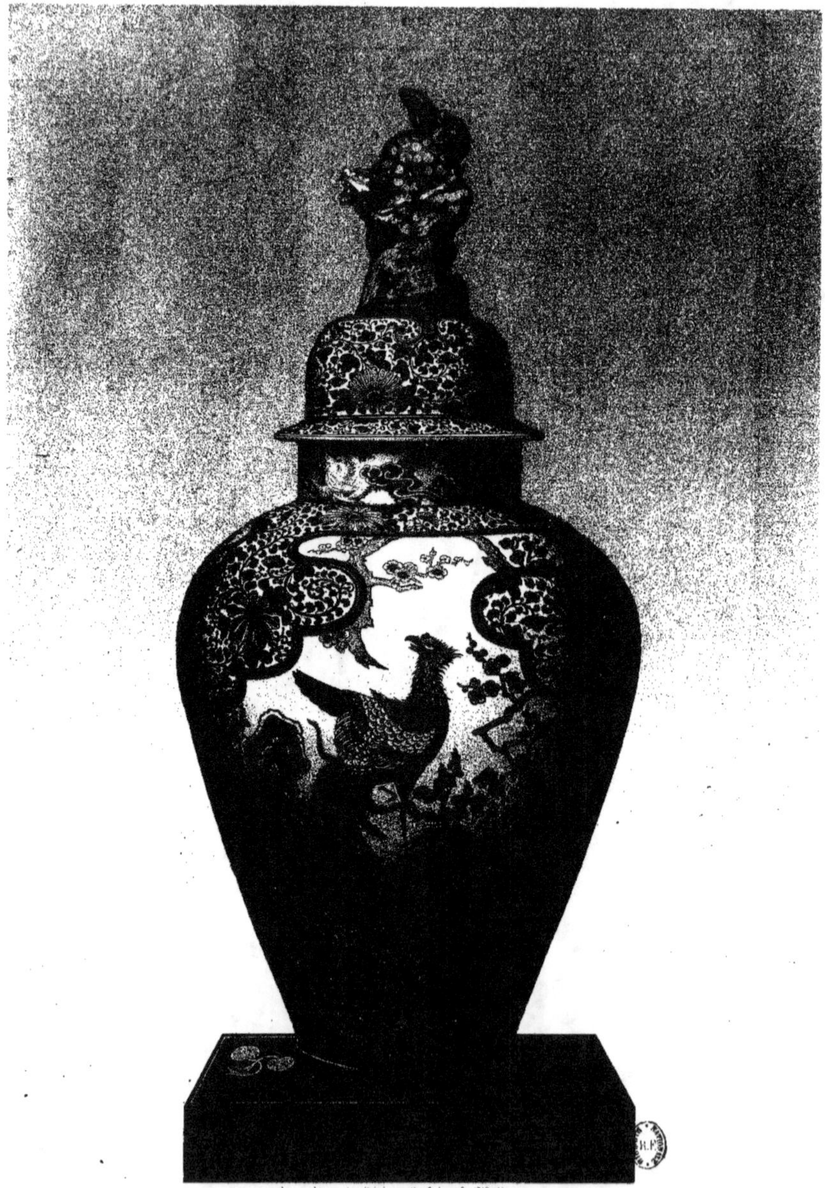

Imp. Firmin Didot Pr fils & Cie Paris
Bauer lith.

# PORCELAINE DE FIZEN.

Jarre couverte, en vieux Fizen; elle figure au centre d'une série complète de jarres et de cornets parmi les plus admirables groupes du Musée japonais, à Dresde. Malgré l'extrême soin avec lequel elle a été reproduite, cette planche rend à peine l'éclat de l'original; mais il est impossible d'obtenir par les procédés de l'impression les brillants effets d'une belle œuvre en porcelaine supérieurement vernie. Néanmoins, le dessin en est parfaitement clair et, comme on le voit, il offre des traits d'un style tout japonais, dont le plus accusé est l'absence de symétrie dans les masses d'enroulements à fleurs bleues sur fond blanc. La panse du vase est décorée de rochers, d'arbres, de fleurs et du fabuleux *ho-ho*, revêtu de vives couleurs et richement doré. Autour du col courent, sur un fond rouge, des dragons blanc et or et des nuages bleus. Des ornements semblables à ceux de la panse remplissent le couvercle, qui est surmonté du lion symbolique japonais, accroupi au sommet d'un rocher. La pâte est de qualité supérieure et pétrie avec soin; il n'y a point de marque.

Hauteur, $0^m 925$.

(*Musée japonais*, à Dresde.)

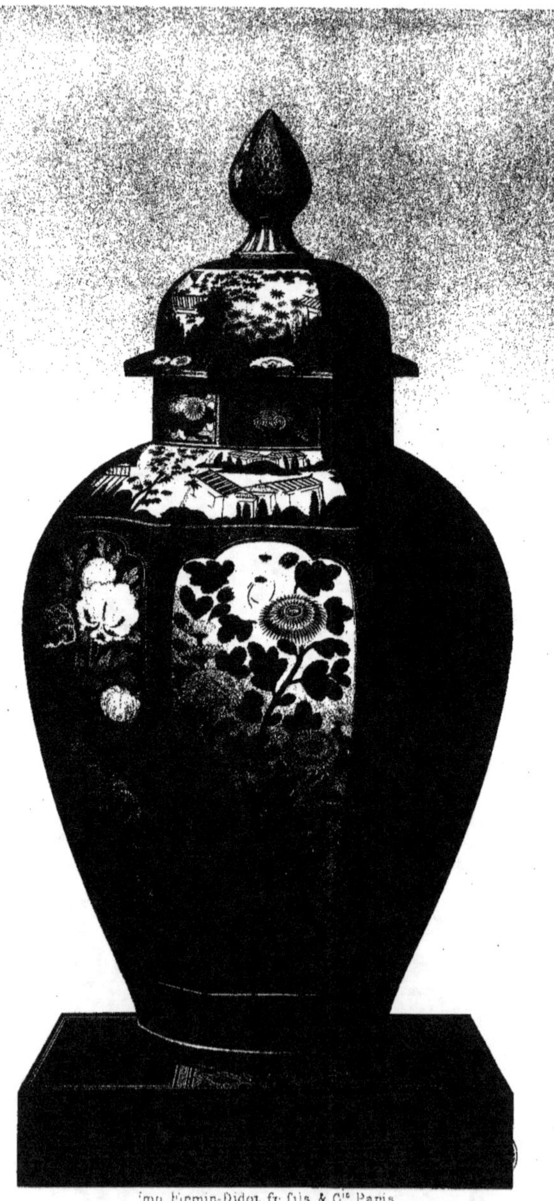

Imp Firmin-Didot fr. fils & Cie Paris
Bauer, lith.

# PORCELAINE DE FIZEN.

Jarre couverte, à huit faces, en vieux Fizen; elle fait partie d'une série de pièces d'un même style. La décoration, exécutée d'une façon magistrale, comprend des vases de fleurs, fond blanc et bleu foncé, qui alternent sur chaque face, des paysages et des ornements de convention. Le bouton du couvercle est percé à jour sur les quatre pans. La pâte est de belle qualité, bien fondue et d'une blancheur mate. Comme sur la plupart des vieux Fizen, il n'y a point de marque.

Hauteur, 0<sup>m</sup>812.

*(Musée japonais,* à Dresde.)

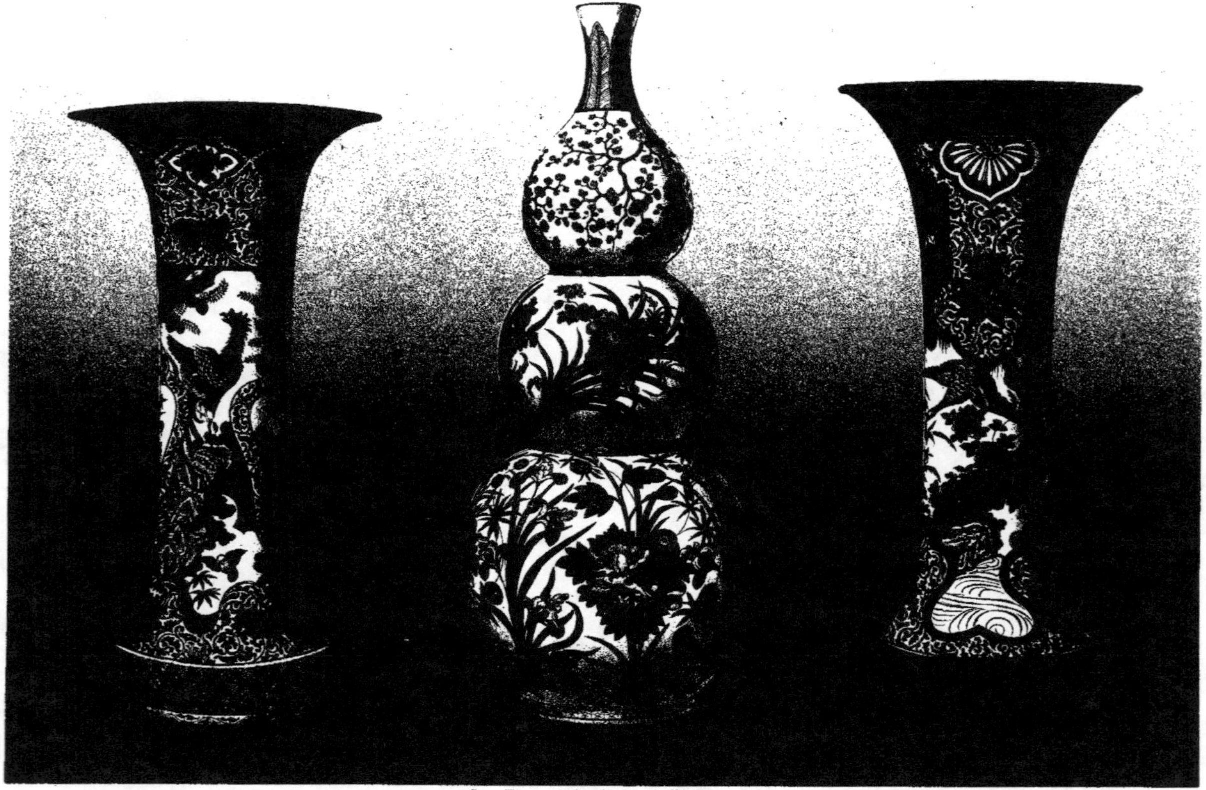

Imp. Firmin Didot & fils & Cie Paris

Bauer lith.

# PORCELAINE DE FIZEN.

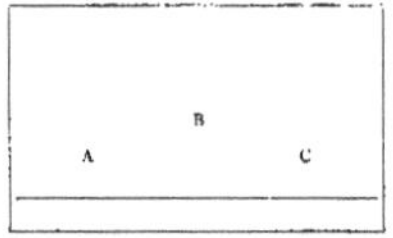

A — Cornet, en vieux Fizen, appartenant à la série mentionnée dans la planche II et dont les traits essentiels rappellent la jarre de cette planche.

Hauteur, 0$^m$60.

B — Gourde triple, en vieux Fizen, magnifiquement décorée de branchages et de fleurs. La disposition du décor dans cette pièce est digne de remarque. Dans l'étage inférieur, qui est le plus large, fleurs et feuillage se serrent de près et s'élèvent en droite ligne, pour indiquer qu'elles ont la force de supporter l'édifice idéal ; dans celui du milieu, les rameaux flottent en spirale, marquant la légèreté et le besoin d'appui à la fois ; enfin, celui du haut est parsemé de brindilles de *moumi* rouge, qui retombent du goulot comme les branches d'un saule pleureur dans un ciel clair. Il n'est guère possible de décorer une pièce de forme si complexe d'une manière plus satisfaisante à l'œil ou mieux entendue sous le rapport de l'ornement. Point de marque.

Hauteur, 0$^m$70.

C — Cornet, d'une autre série que le précédent, quoique assez semblable ; il diffère seulement par le traitement régulier des masses de bleu, par un plus grand emploi des fonds rouges et par les oiseaux qu'on y a introduits. Point de marque.

Hauteur, 0$^m$60.

*(Musée japonais, à Dresde.)*

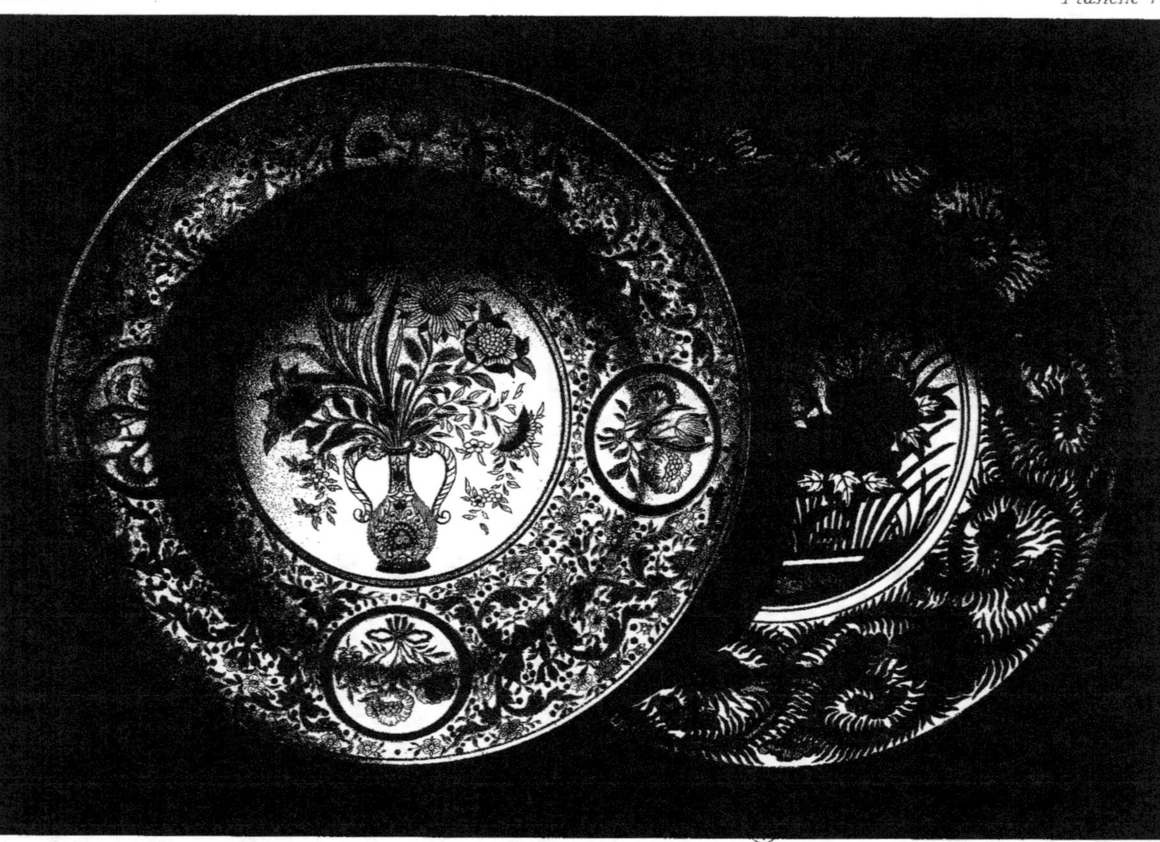

Imp. Firmin-Didot & Cie, Paris.

Bauer, lith.

# FABRIQUE DE FIZEN.

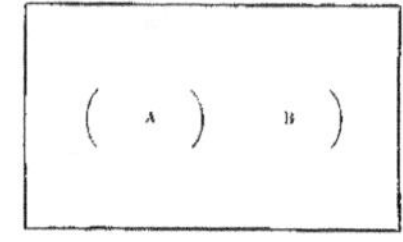

A — Grande assiette, en vieille porcelaine du Fizen, de fine qualité, décorée de la façon
la plus minutieuse et la plus exquise d'enroulements et de fleurs. Malgré le talent déployé
dans l'impression lithographique, on ne saurait se faire une idée exacte d'un modèle aussi
splendide.

En examinant de près le décor, nous sommes pleinement convaincu de la justesse de notre
supposition [1], à savoir que les artistes qui travaillaient pour les Hollandais n'étaient pas inac-
cessibles à l'influence du dehors. Il y a dans cette pièce de fortes preuves qu'on a eu recours
à des dessins étrangers, et la présence d'une tulipe, fleur que nous ne nous souvenons pas
d'avoir jamais vue dans un motif vraiment indigène, suffit à nous faire croire que les Japonais
exécutaient sur commande tout ce qui était destiné à l'exportation, et d'après des instructions
particulières. Il nous est souvent arrivé de constater, dans les œuvres les plus originales du
vieux Fizen, des signes d'emprunt ou d'imitation; mais ici l'art national a disparu pour faire
place à un travail de commande.

Diamètre, 0<sup>m</sup>537.

*(Appartient à M. G. Raf.)*

B — Grande assiette, en vieille porcelaine du Fizen, richement décorée d'enroulements et
de fleurs de convention en bleu mat et foncé. C'est un très-rare et très-intéressant modèle
de la fabrique du Fizen, de même époque que l'assiette précédente; nous irions presque
jusqu'à affirmer qu'il est unique. Les marchands hollandais ne semblent avoir guère encou-
ragé la porcelaine bleue, à laquelle ils préféraient la rouge, bleu et or, qui est plus riche et
plus attrayante; exclusion regrettable, sans laquelle nous aurions une plus grande variété de
vieux Fizen et probablement beaucoup de motifs qui auraient éclipsé les fameuses pièces à
l'aubépine ou plutôt au *moumi*.

Notre assiette est d'un dessin pur et ferme; le bord supporte des enroulements imités de
l'art chinois, et le fond une composition entièrement japonaise. Cette pièce est sans doute
venue en Europe en même temps que la vieille porcelaine rouge, bleu et or; mais, selon
toutes probabilités, elle y est venue seule de son style, soit qu'elle fût une trouvaille des
Hollandais, soit un des cadeaux du nouvel an. En tous cas, elle n'a pas été faite sur commande et ne contient aucune trace d'imitation européenne.

Diamètre, 0<sup>m</sup>537.

*(Collection de M. James-L. Bowes.)*

[1] Voy. p. 24, *Art céramique* (Fabrique de Fizen).

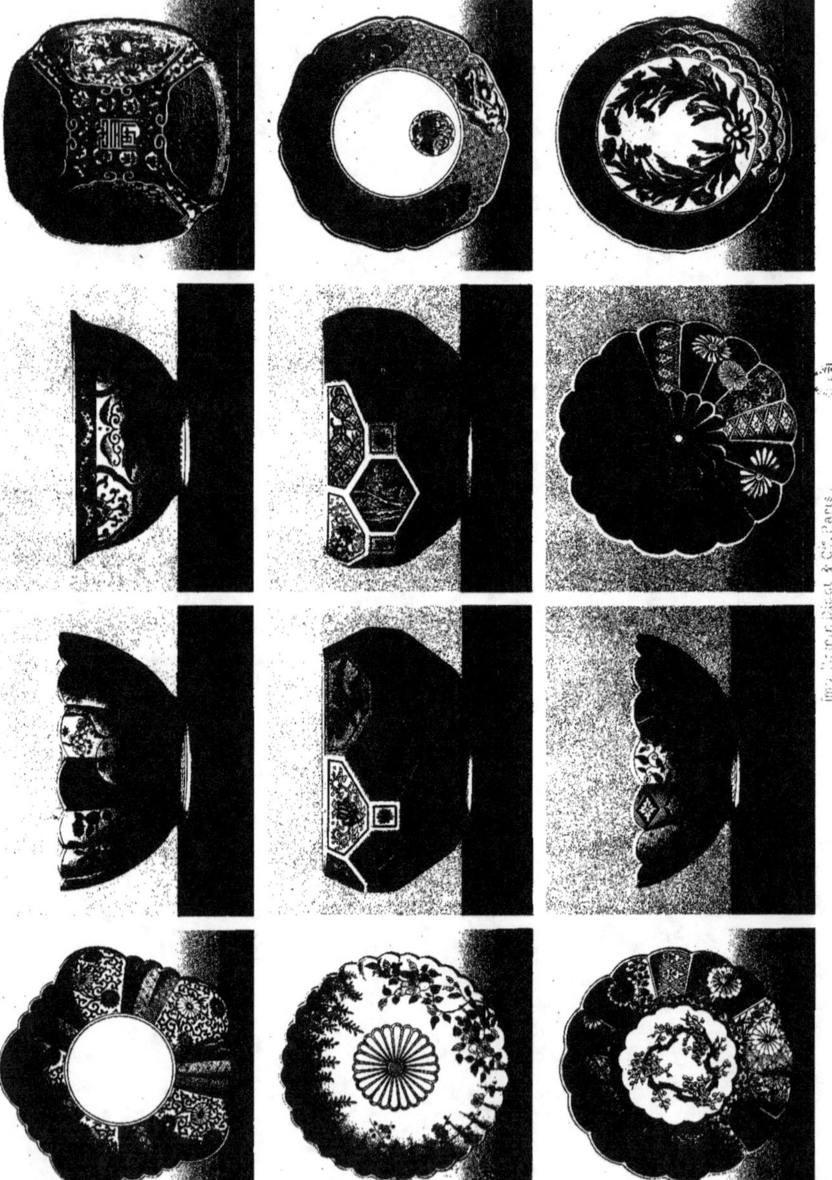

Imp. Monrocq Direct. & Cie, Paris.

# FABRIQUE DE FIZEN.

| B | C | D | E |
|---|---|---|---|
| F | A | A | G |
| H | I | J | K |

A A — Paire de petits bols à facettes, en porcelaine fine du Fizen, décorés de fleurs, d'arabesques et de damassures.

Diamètre, 0ᵐ150.

(Appartiennent au DUC D'ÉDIMBOURG.)

B — Bol à cannelures, en vieux Fizen, richement peint de dessins géométriques et de fantaisie.

Diamètre, 0ᵐ195.

(Appartient à M. A.-W. FRANKS.)

C — Bol, de la variété dite *vieux kikou,* avec fleurs et feuillage, rinceaux et médaillons; couleurs riches.

Diamètre, 0ᵐ181.

(Appartient à M. W. BARTLETT.)

D — Bol, en vieille porcelaine du Fizen, décoré dans le style archaïque propre aux pièces de cette rare provenance.

Diamètre, 0 240.

(Collection de M. JAMES-L. BOWES.)

E — Bol, en porcelaine du Fizen; ses divers compartiments portent des dragons, des *ho-hos* et des sujets de fantaisie.

Diamètre, 0ᵐ200.

(Appartient au major J. WALTER.)

F — Bol, en vieille porcelaine du Fizen, orné sur les bords de brindilles de *moumi* et autres fleurs avec un goût délicat; un *kikou* à pétales multiples occupe le centre.

Diamètre, 0ᵐ213.

G — Sorte de soucoupe, en belle porcelaine ancienne du Fizen, gracieusement décorée de médaillons irréguliers sur un réseau diapré. Le médaillon du milieu contient probablement des armoiries.

Diamètre, 0ᵐ181.

## FABRIQUE DE FIZEN.

H — Sorte de soucoupe, de la variété dite *vieux kikou*, très richement peinte. Parmi les fleurs et sujets géométriques on a jeté çà et là sept *kikous*, et l'on a disposé au centre une guirlande de *moumi*. Magnifique pièce et d'origine peu commune.

Diamètre, 0$^m$225.

I — Bol, vieux *kikou*, avec enroulements et médaillons irréguliers.

Diamètre, 0$^m$181.

(Appartiennent à M. A.-W. Franks.)

J — Bol, à seize compartiments cannelés qui rayonnent d'un large *kikou* placé au fond ; outre cette fleur, il y en a plusieurs autres plus petites, qui se détachent en relief, sans ordre, en dedans et en dehors. Aussi cette pièce est-elle de la variété dite *vieux kikou*.

Diamètre, 0$^m$181.

(Collection de M. James-L. Bowes.)

K — Bassin presque plat, en vieille porcelaine du Fizen ; on y voit un dessin géométrique, un bout de paysage, des médaillons et deux branches de fleurs qu'un nœud relie en forme de couronne, tout cela dans un style qui se rapproche beaucoup de l'art hollandais.

Diamètre, 0$^m$150.

(Appartient à M. A.-W. Franks.)

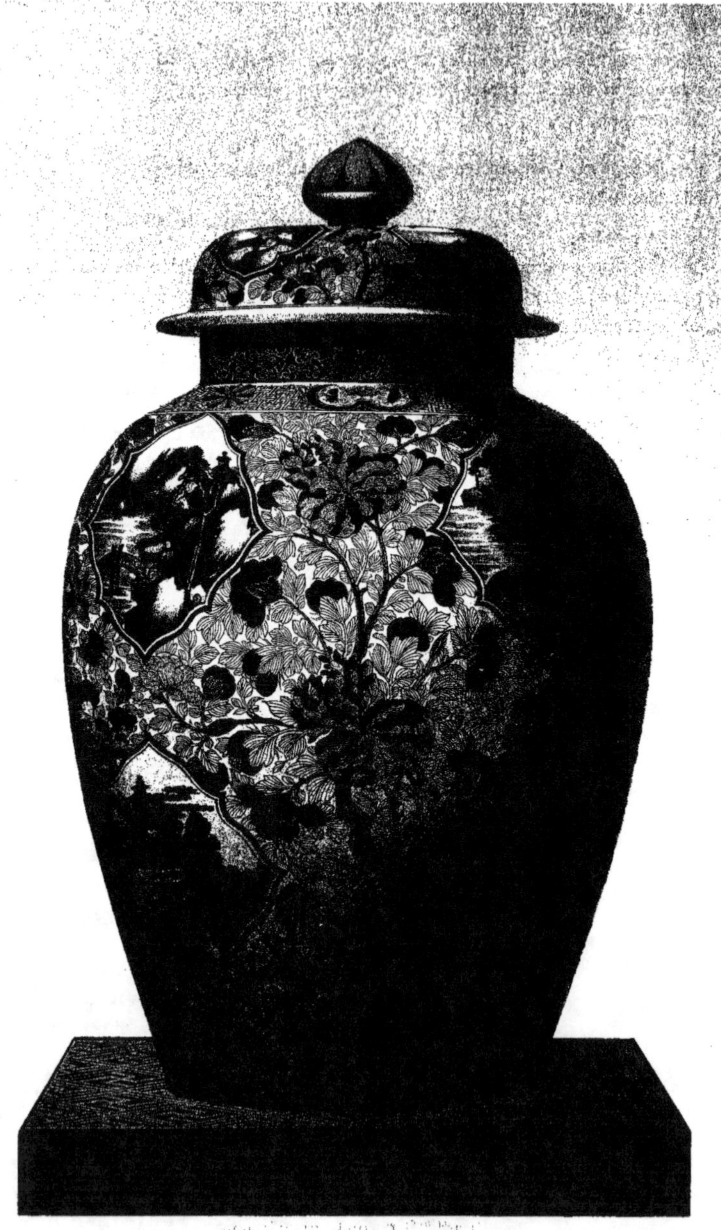

# FABRIQUE DE FIZEN.

Potiche à couvercle, en porcelaine fine vieux Fizen, richement ornée de médaillons à paysages en camaïeu bleu, sur un fond caractéristique de fleurs et de branchages en couleur et or. Le dessin général et la composition de cette pièce splendide ne sont pas habituels dans les pièces du vieux Fizen; et l'on peut s'assurer qu'elle offre des contrastes frappants avec celles reproduites sur les planches I, II et III. Le dessin, par exemple, accuse partout une légère tendance vers l'art chinois, notamment dans les paysages des réserves qui ont une ressemblance marquée avec ceux qu'on voit continuellement sur la vieille porcelaine de Chine blanche et bleue. Durant leurs relations commerciales avec la Compagnie hollandaise des Indes Orientales, les céramistes japonais (cela ne fait guère de doute) eurent sous les yeux et imitèrent beaucoup d'œuvres de provenance chinoise, que leur firent connaître les marchands étrangers.

Quoique essentiellement japonaise de fabrication, la potiche de cette planche porte en elle des preuves manifestes d'imitation, du moins quant au style, qui rappelle la peinture chinoise. Aussi cette particularité la recommande-t-elle aux collectionneurs ainsi qu'aux amateurs de l'art céramique. La pâte est de qualité supérieure et façonnée avec soin; mais, comme la plupart des vases de cette époque, elle n'a point de marques.

Hauteur, $0^m582$.

(Collection de M. James-L. Bowes.)

Imp. Firmin-Didot & Cie Paris
Lithographie

# PORCELAINE DE FIZEN.

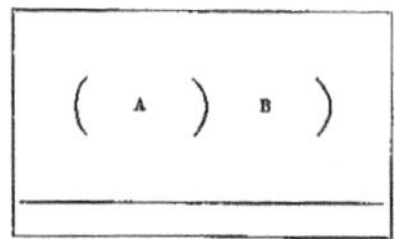

A — Plat, en porcelaine de Fizen, décoré largement et avec goût de grands rameaux de
fleurs, sur un fond damassé, et bordé d'un motif de convention en bleu pâle et or sur bleu
foncé. L'exécution générale de cette pièce contraste matériellement avec toutes celles que
nous avons vues de l'époque moyenne du Fizen ; son aspect riche mais sévère lui prête un
charme particulier. La pâte est de qualité supérieure, et le décor, d'un fini exquis dans toutes
ses parties.

Diamètre, 0$^m$45.

(Collection de M. JAMES-L. BOWES.)

B — Plat à sauce, en porcelaine de Fizen, dernière époque, décorée, dans le pur style japonais, de médaillons en paysages et en damier irrégulièrement placés et glissant l'un sur
l'autre, de fleurs grandes et petites jetées çà et là. La décoration entière est exécutée en bleu
et rouge sur un fond d'or uniforme, chose tout à fait rare dans les pièces japonaises, celles
surtout de grandes dimensions. La bordure consiste en cette sorte de grecque continue à
lignes oblongues et verticales, dont nous avons eu lieu de parler dans l'Introduction de cet
ouvrage.

Diamètre, 0$^m$40.

(Appartient à M. G.-A. AUDSLEY.)

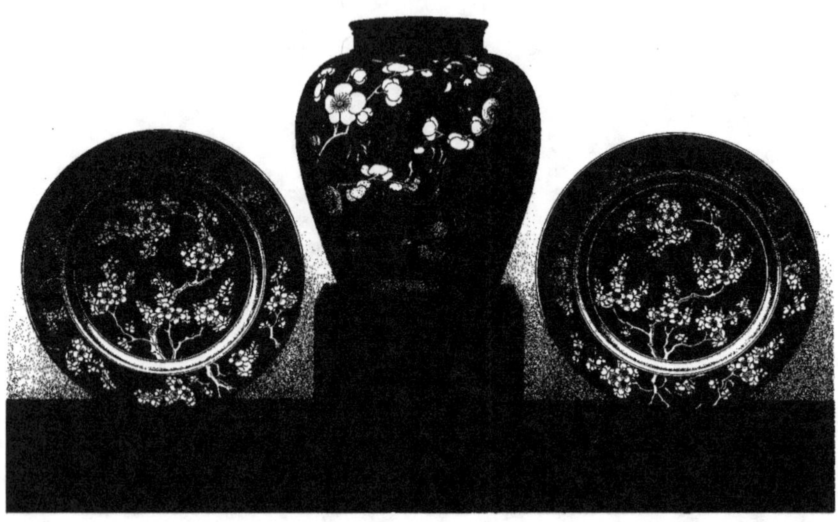

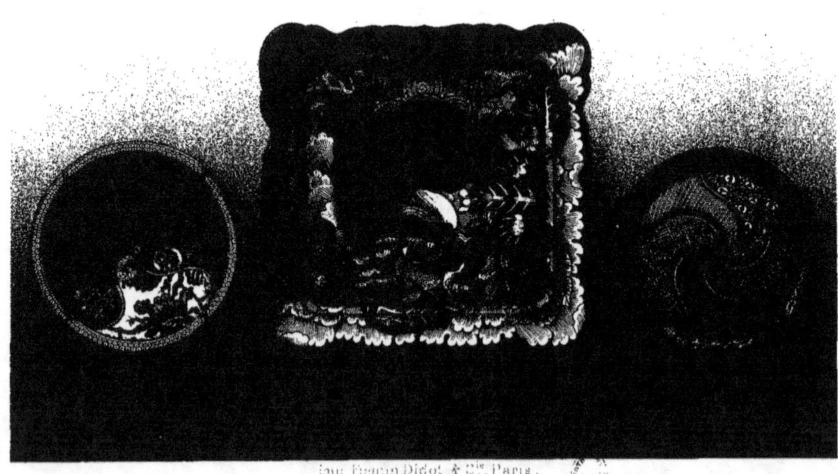

Imp. Firmin Didot & Cie, Paris.

# FABRIQUE DE FIZEN.

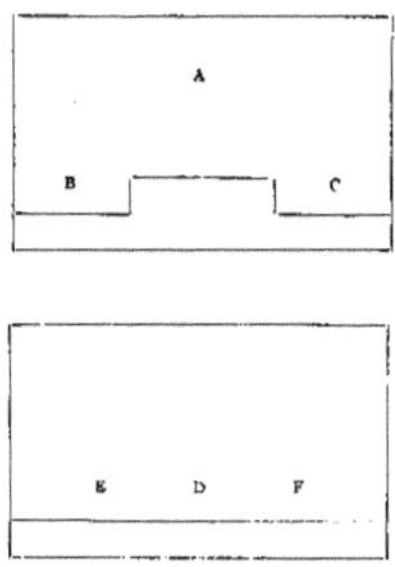

A — Pot, en vieux Fizen, parsemé de branches de *moumi* blanc, sur un fond bleu moiré, et rayé en manière de craquelé. Pièce rare.

Hauteur, 0^m228.

(Appartient à M. Walter Dunlop.)

B C — Paire d'assiettes, de style et d'origine identiques.

Au sujet de cette variété si recherchée des amateurs, on peut se reporter à ce que nous en avons dit aux pages 12 et 27.

Diamètre, 0^m273.

(Appartiennent à M. Edward Salt.)

D — Plat carré, en porcelaine de Fizen dernière époque, orné de feuillage et d'un lion héraldique en bleu riche.

Superficie, 0^mc928.

E F — Assiettes rondes, en porcelaine fine, délicatement couvertes de damassures, de médaillons et de feuillage en bleu d'une grande intensité.

Diamètre : E, 0^m178; F, 0^m241.

(Appartiennent à M. Joseph Beck.)

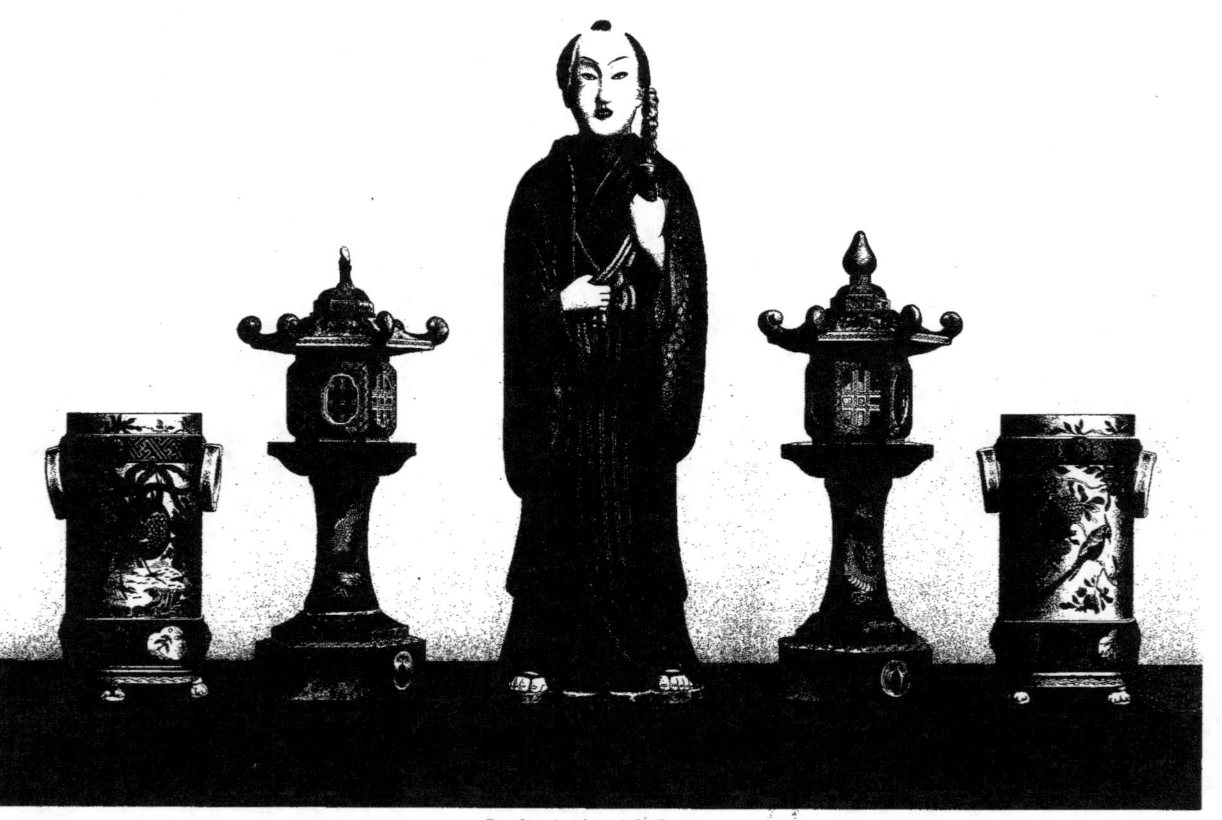

Imp. Firmin-Didot & Cie, Paris.

Audet, lith.

# FABRIQUE DE FIZEN.

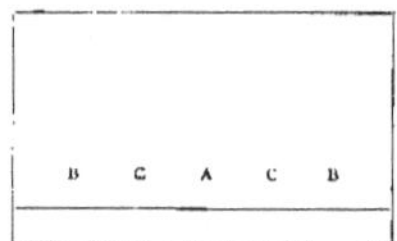

A — Figurine, en vieux Fizen, sous les habits d'un bourgeois aisé, mais dont l'unique sabre dénote le rang inférieur. Ces sortes de pièces sont très rares dans cette fabrique, et celle-ci est la plus grande que nous ayons vue.

Hauteur, 0$^m$589.

(*Collection de* M. James-L. Bowes.)

B B — Paire de pots, en porcelaine de Fizen dernière époque; ils sont richement décorés d'oiseaux, de fleurs, de dessins géométriques et de médaillons à paysages, en brillants émaux de couleur et or.

Hauteur, 0$^m$246.

(*Appartient au* duc d'Édimbourg.)

C C — Paire de petites lampes d'autel, en vieux Fizen; le décor, très soigné, consiste en dragons, lions, frettes et autres motifs de convention, exécutés en riches émaux couleur et or. Destinés dans l'origine à meubler un oratoire privé, où chaque pièce du culte était représentée en miniature, ces charmants ouvrages rappellent jusqu'au moindre détail ceux qui figurent dans les temples publics.

Hauteur, 0$^m$400.

(*Collection de* M. James-L. Bowes.)

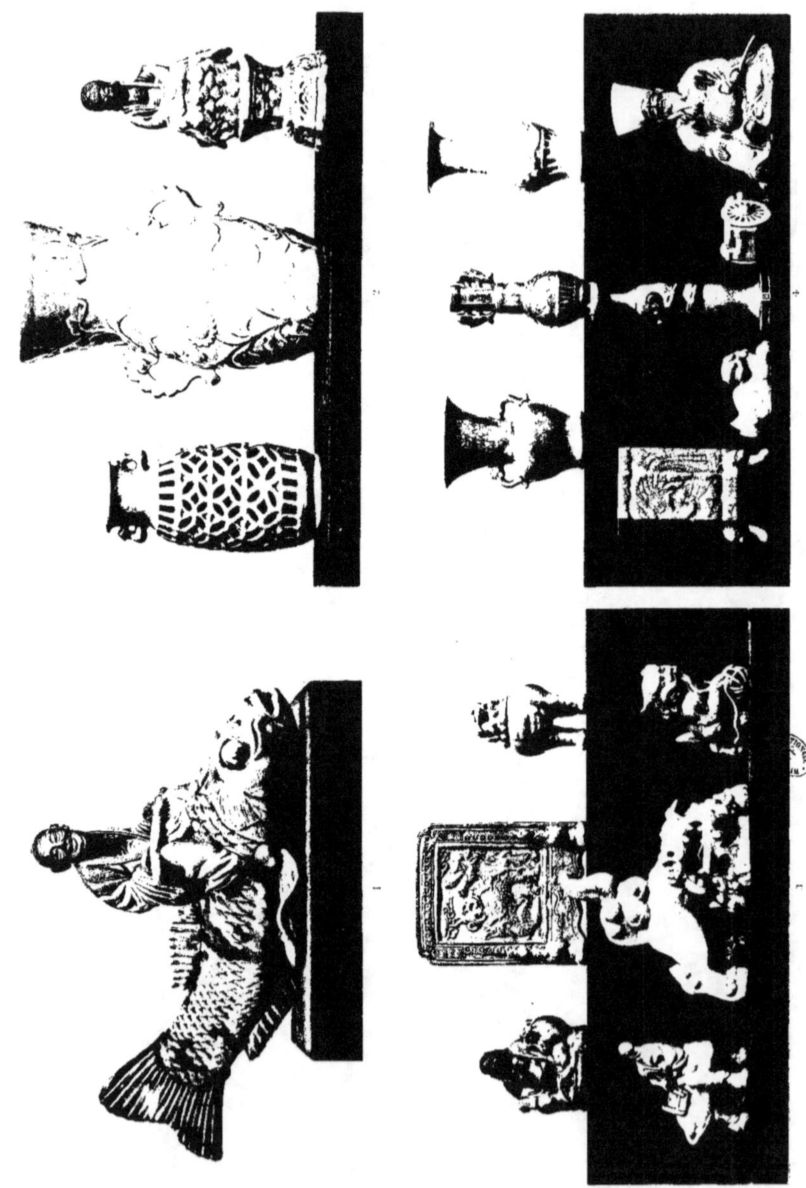

# CÉLADON.

1<sup>er</sup> *Compartiment.* — Statuette d'un *Sennen* bouddhiste, jouant du *koto* et assis sur le dos d'un poisson. Les vêtements du saint sont ornés de cigognes blanches en différentes attitudes, coloriées et non cuites. Sur le poisson il y a des touffes d'algues peintes en vert sombre.

Largeur, o<sup>m</sup> 575.

*(Appartient à M. G.-E. Schultz.)*

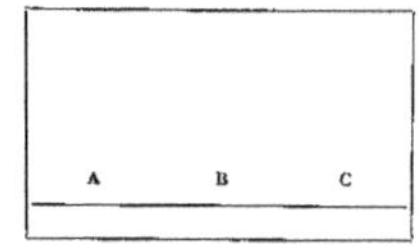

2<sup>e</sup> *Compartiment.* A — Vase, enclavé dans une coque réticulée.

Hauteur, o<sup>m</sup> 237.

B — Vase, d'un vert pâle, décoré de fleurs et de feuillage en relief.

Hauteur, o<sup>m</sup> 325.

C — Ancienne statuette de Bouddha, vert de mer, avec la tête et la poitrine de matière brune non vernie.

Hauteur, o<sup>m</sup> 262.

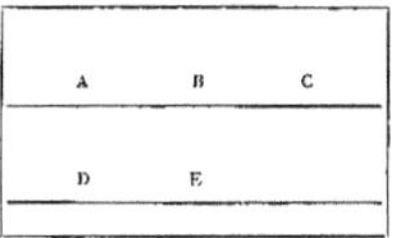

3<sup>e</sup> *Compartiment.* A — Ancienne figurine de Hotteï, vert de mer, avec des parties de chair en matière brun froncé.

Hauteur, o<sup>m</sup> 150.

B — Petit panneau, de porcelaine très-peu vernie, décoré par devant d'une image du *Kirin* et par derrière de fleurs et de feuillage à peine tracés dans la pâte.

Hauteur, o<sup>m</sup> 244.

C — Cassolette à parfums en forme d'animal.

Hauteur, o<sup>m</sup> 175.

D — Cassolette à parfums en forme d'éléphant.

Hauteur, o<sup>m</sup> 175.

CÉLADON.

E — Lion vu de face, d'un vert brillant, richement verni.

Hauteur, 0<sup>m</sup>262.

F — Lion japonais, d'une teinte fauve, tenant sous sa griffe une boule creuse, et servant de brûle-parfums.

Hauteur, 0<sup>m</sup>150.

(Collection de M. James-L. Bowes.)

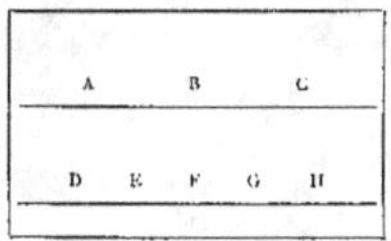

4<sup>e</sup> *Compartiment.*   A — Vase à anses, d'un vert brillant, hardiment craquelé.

Hauteur, 0<sup>m</sup>225.

B — Vase d'un brun verdâtre, avec deux poissons en guise d'anses, et délicatement décoré d'ornements cannelés et en relief.

Hauteur, 0<sup>m</sup>212.

C — Vase, d'un vert léger; travail et ornements ébauchés.

Hauteur, 0<sup>m</sup>250.

D — Pot à fleurs, à six pans, vert de mer, vivement craquelé; il est porté sur trois mascarons et représente un dragon (*ho-ho*) qui plane au-dessus de nuages sommairement modelés en bas-relief.

Hauteur, 0<sup>m</sup>225.

E — Lion accroupi, d'une légère nuance céladon.

Largeur, 0<sup>m</sup>15.

F — Chandelier, vert de mer, autour duquel s'enroule un dragon en or et couleur, rayé au pied de grecques et de lignes rouge et or.

Hauteur, 0<sup>m</sup>275.

G — Cassolette à parfums, en forme de chariot d'enfant.

Largeur, 0<sup>m</sup>15.

H — Figurine historique, vert de mer, ayant la face et les mains en pâte brune et les souliers en émail brun foncé.

Hauteur, 0<sup>m</sup>237.

(Collection de M. James-L. Bowes.)

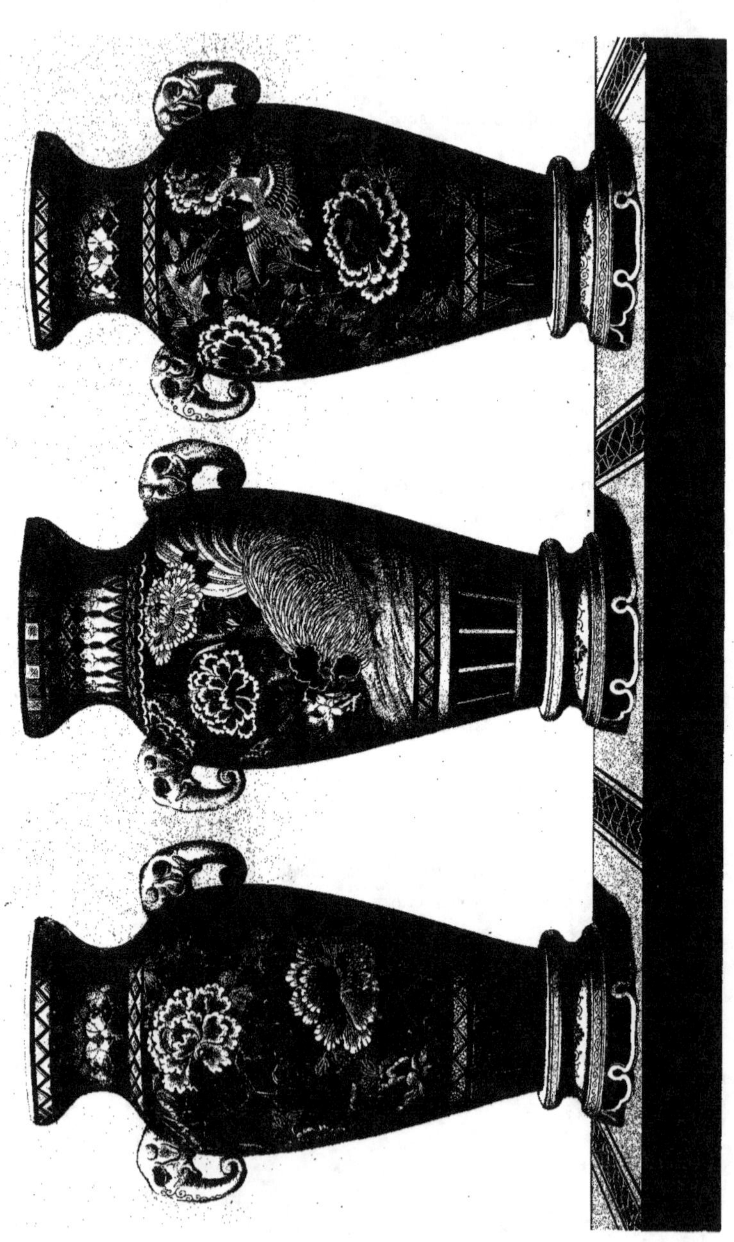

# FAÏENCE DE SATSOUMA.

Vases de l'époque moyenne.

Ces belles et pittoresques pièces sont des types excellents d'un style décoratif peu commun dans la fabrique de Satsouma. Leur principal caractère consiste dans le fond noir, qui fait ressortir avec d'autant plus d'éclat la riche composition de fleurs, d'oiseaux et de feuillage. On voit quelquefois de ces fonds-là dans la vieille porcelaine de Fizen, et c'est probablement ce qui a suggéré aux artistes de Satsouma l'idée d'en appliquer de semblables à leur faïence. Cependant la rareté de ces sortes de pièces nous porte à croire qu'elles n'ont jamais été en faveur chez les céramistes et qu'ils leur préféraient l'argile du pays, dont les teintes crémeuses se prêtaient si bien aux délicatesses de leur pinceau. Faisons remarquer, à propos de ces trois vases, que le décor sur fond noir est vigoureux et largement exécuté, tandis que les finesses d'ornement ont été réservées aux parties crémeuses, distinction qui accuse un sentiment remarquable des règles de la peinture décorative. La reproduction en est si supérieurement réussie, qu'il est inutile de pousser plus loin notre description.

Hauteur des vases de côté, 0$^m$487.

— du vase du milieu, 0$^m$500.

(Appartient à M. Joseph Beck.)

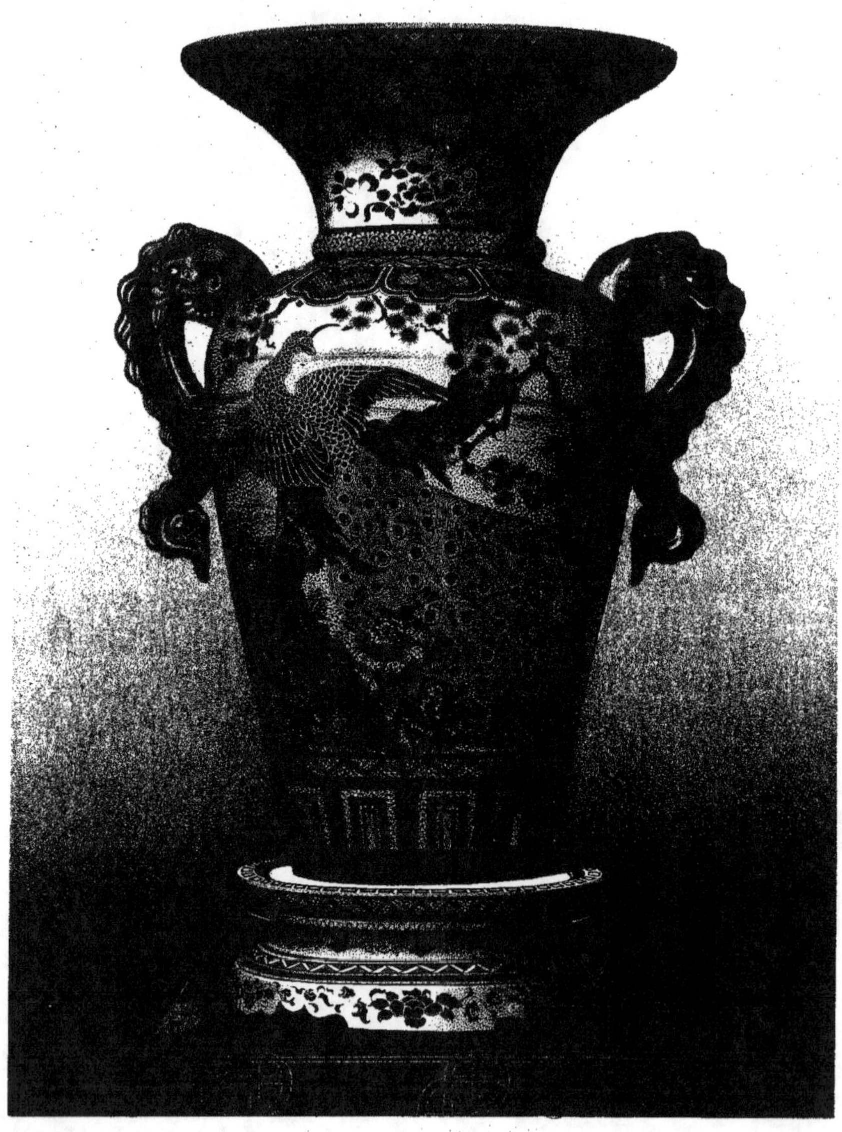

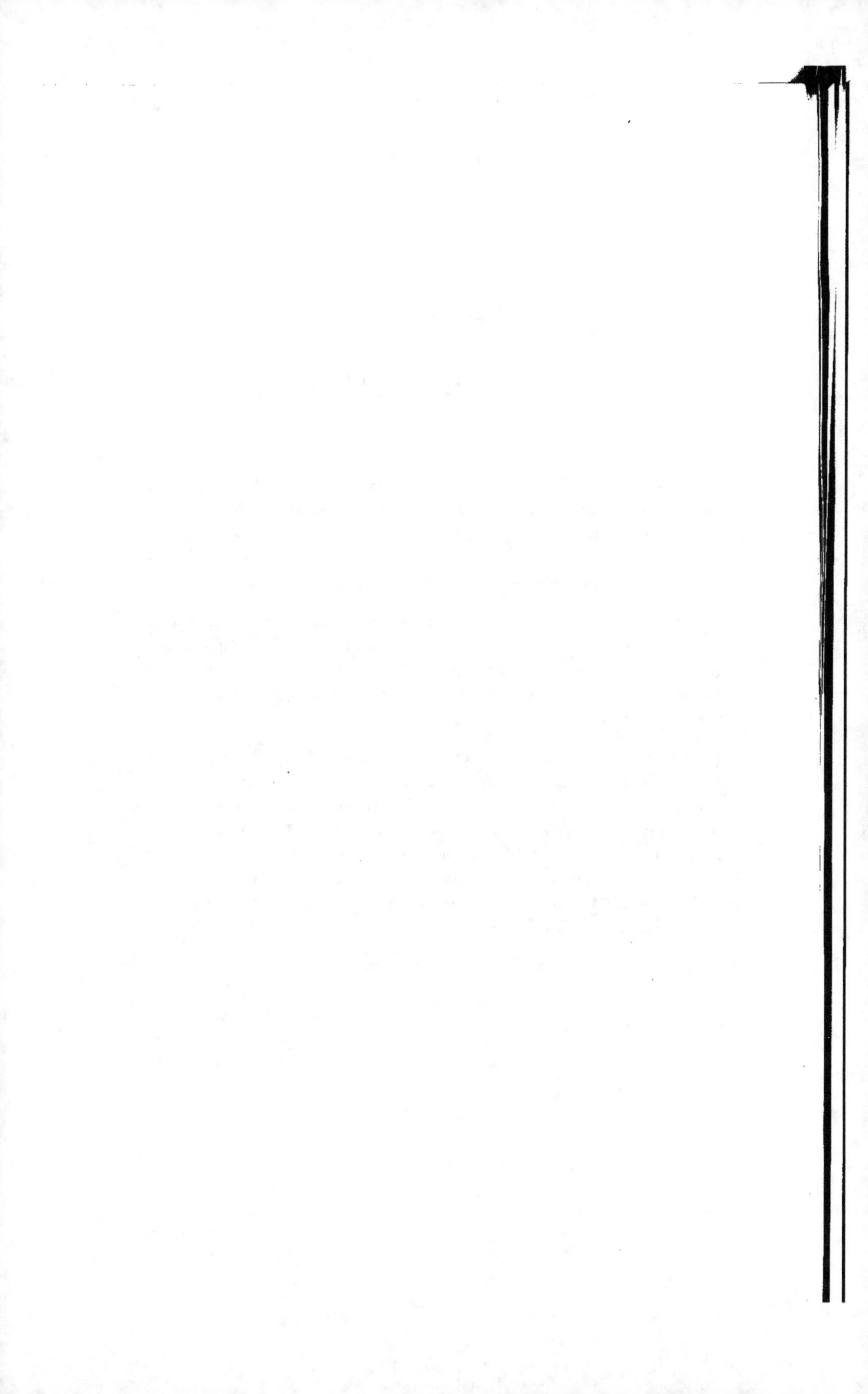

# FAÏENCE DE SATSUMA.

Grand vase et support, d'une teinte brun pâle et d'un vernis mat et doux. Ce magnifique vase est des premières années de la plus belle époque moyenne, et tout s'accorde à en démontrer l'ancienneté. Quant au support qui l'accompagnait à son envoi du Japon, il n'est pas téméraire d'affirmer qu'il n'appartient pas ou qu'il n'a point été fait à la même date; quoique postérieur au vase, il n'en est pas moins de la même époque moyenne.

Le vase, ainsi qu'un autre qui lui fait pendant, est décoré d'oiseaux et de feuillage qui diffèrent dans les deux, mais les ornements de fantaisie sont les mêmes pour l'un et l'autre. La reproduction en est si clairement écrite qu'il est à peine nécessaire d'en donner une description. Les principes de l'art décoratif y sont appliqués avec justesse et le résultat en est excellent.

Le pied du vase, d'un ton calme et d'un dessin ferme, offre un mélange de lignes verticales et horizontales, diagonales et courbes, où dominent avec raison les premières. Sur la panse, et en partant du pied, se déroule un pittoresque fouillis d'arbres, de fleurs et d'oiseaux, d'un coloris doux et sans ombre qui vienne troubler l'uniformité du décor. Trois bandes richement peintes et d'un traitement dissemblable marquent l'endroit où le col se dégage : celle d'en bas, découpée en compartiments arrondis, retombe sur la panse en guise de collerette. Enfin, l'embouchure, bordée d'un rinceau en zigzag, présente un de ces décors à festons dont un céramiste japonais sait toujours tirer un heureux parti.

Hauteur du vase (support compris), 0<sup>m</sup>65. Largeur, entre les anses, 0<sup>m</sup>42.

(*Collection de* M. James L. Bowes.)

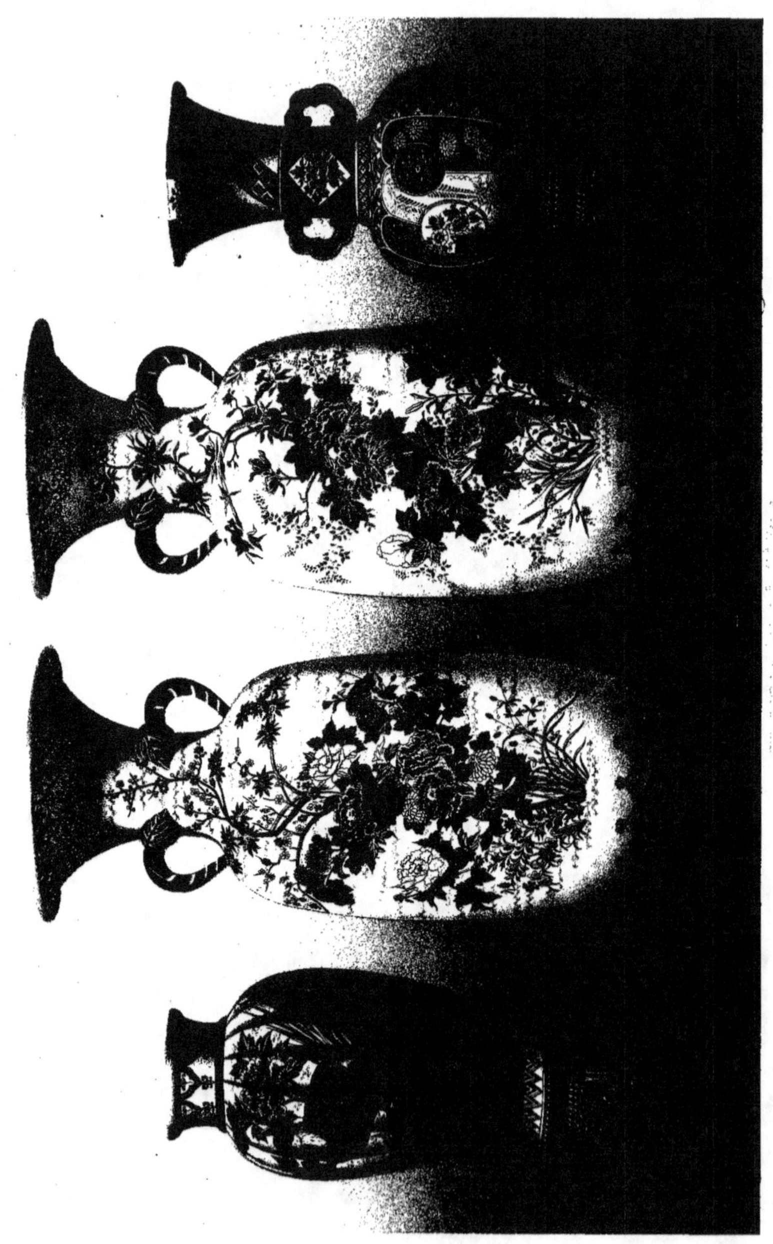

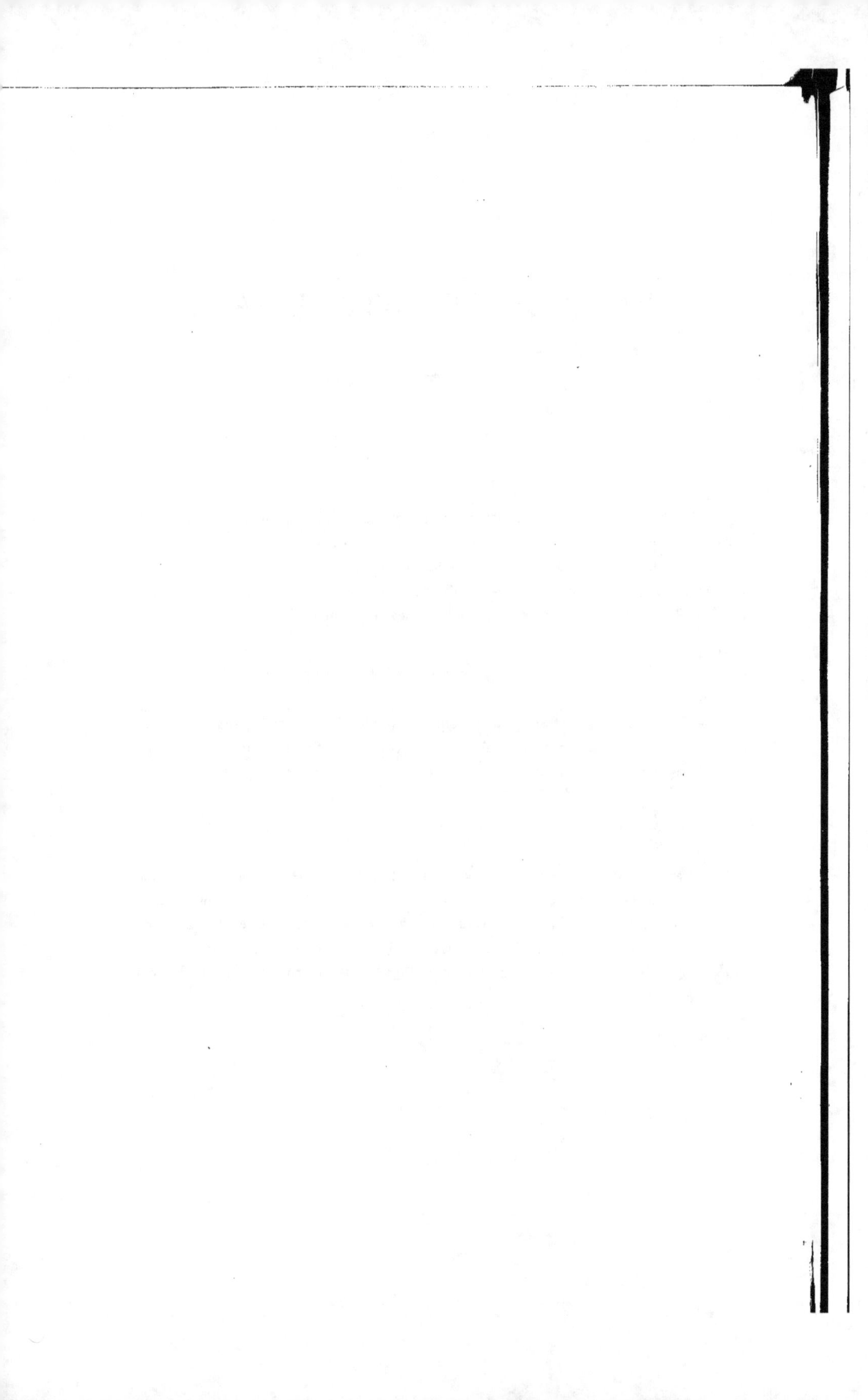

# FAÏENCE DE SATSOUMA.

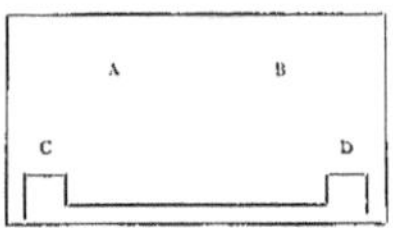

A B — Paire de grands vases, en faïence de Satsouma, dernière époque. D'une pâte légè-rement teintée, couverte d'un brillant vernis, craquelé, ils portent de charmantes et délicates compositions florales, chefs-d'œuvre du talent des Japonais à arranger les plantes et à en tirer le meilleur parti pour le décor. Le pied et l'embouchure ont reçu d'élégantes bordures en filigrane. Toute la composition est exécutée en riches émaux de couleur et or.

Hauteur, o$^m$587.

(*Appartient au* lieutenant-colonel J. Pilkington.)

C — Vase, en faïence de Satsouma, époque moyenne, d'une pâte légèrement teintée, couverte d'un épais vernis mou, craquelé. Le décor consiste en fleurs et faisans dorés, large-ment dessinés et aux vives couleurs.

Hauteur, o$^m$300.

D — Vase, en faïence de Satsouma, époque moyenne, d'une pâte à nuance vélin, couvert d'un vernis demi-mat, craquelé. C'est une belle pièce, au travail minutieux : autour de la panse courent des motifs damassés et des rameaux de fleurs en réserves, médaillons et bandes géométriques, en or et couleurs émaillées, d'un ton nourri; le col est orné avec finesse de festons, de zigzags et de damassé; et une large frange, très-riche en couleur, entoure l'em-bouchure à l'intérieur.

Hauteur, o$^m$326.

(*Collection de* M. James-L. Bowes.)

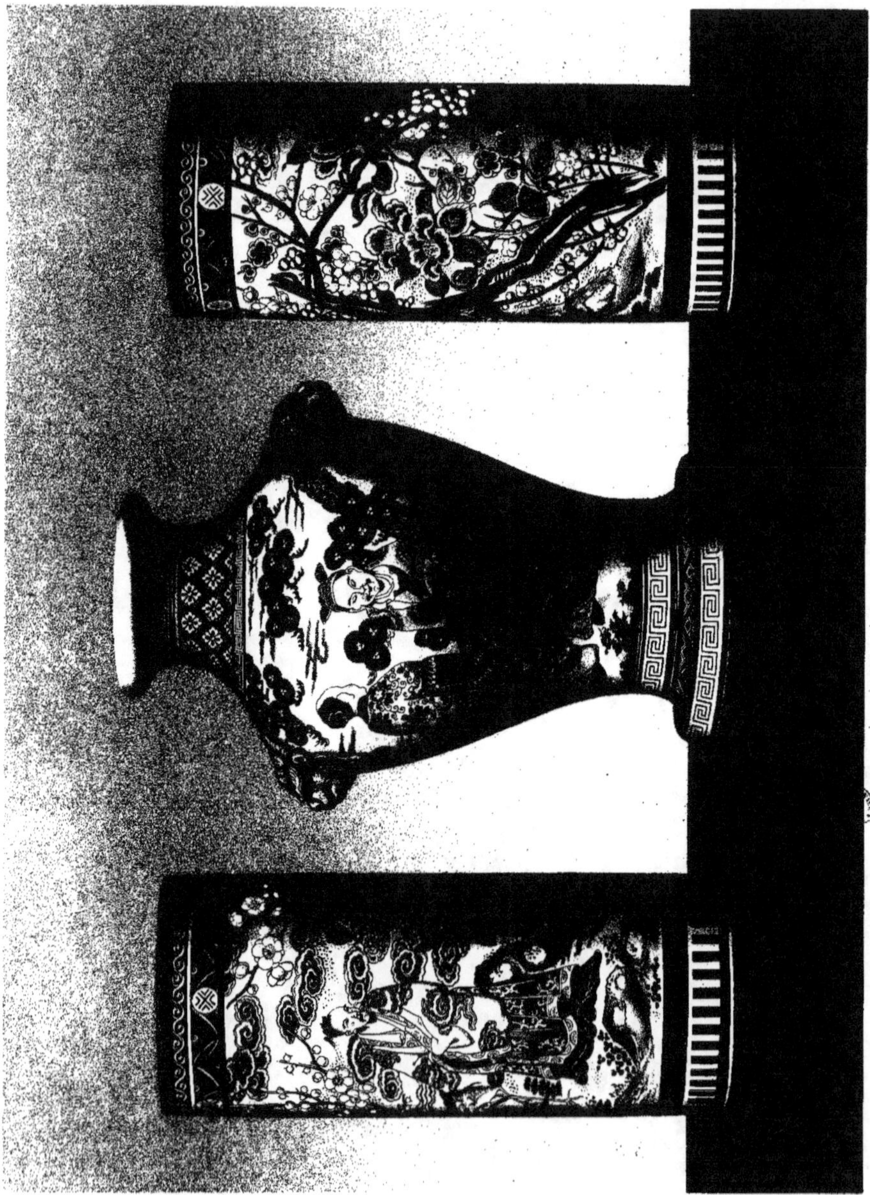

# FAÏENCE DE SATSOUMA.

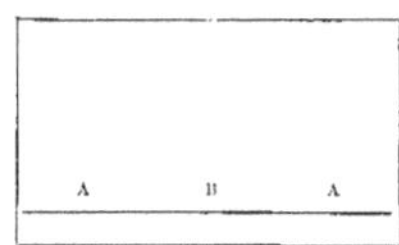

AA — Ancien cornet à fleurs, en faïence de Satsouma, teinte crémeuse, plaquée d'un léger vernis mou. La pâte diffère en grain de tout ce que nous connaissons des produits de cette province, ce qui est une preuve d'antiquité; la surface présente des inégalités, au rebours du poli admirable qui distingue la belle époque moyenne. Notre planche montre les deux côtés de ce vase unique, qui représente une scène à deux personnages. Outre la beauté de la peinture plate, le décor emprunte une vigueur étonnante des émaux blancs qui rehaussent les fleurs du *moumi* sauvage.

Hauteur, 0^m 294.

(*Collection de* M. James-L. Bowes.)

B — Vase, en vieux Satsouma, faïence fine, crémeuse et couverte d'un brillant vernis craquelé. Autour du col et du pied courent des bandes de chevrons, de rosaces et de grecques, rouge et vert seulement; sur la panse il y a des figures et un bouquet de sapins. En guise d'anses, deux têtes d'animal curieusement modelées. A tous égards, c'est un superbe échantillon de l'époque ancienne de Satsouma; moins archaïque pourtant et d'un travail moins franc que le cornet qui l'accompagne, il porte les marques d'une école identique, et ce motif nous a décidé à les réunir dans la même planche.

Hauteur, 0^m 275.

(*Appartient à* M. Val.-C. Prinsep.)

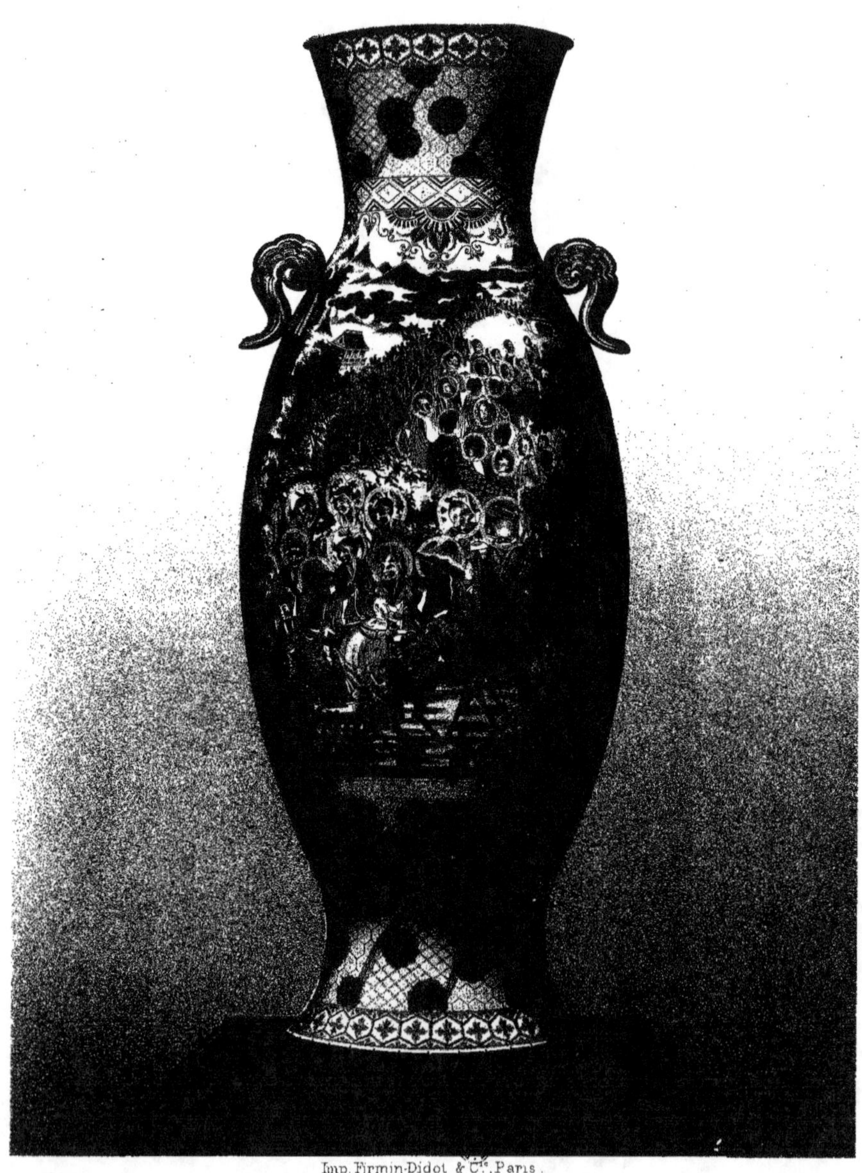

Imp. Firmin-Didot & C.ie, Paris.

Spiégel, lith.

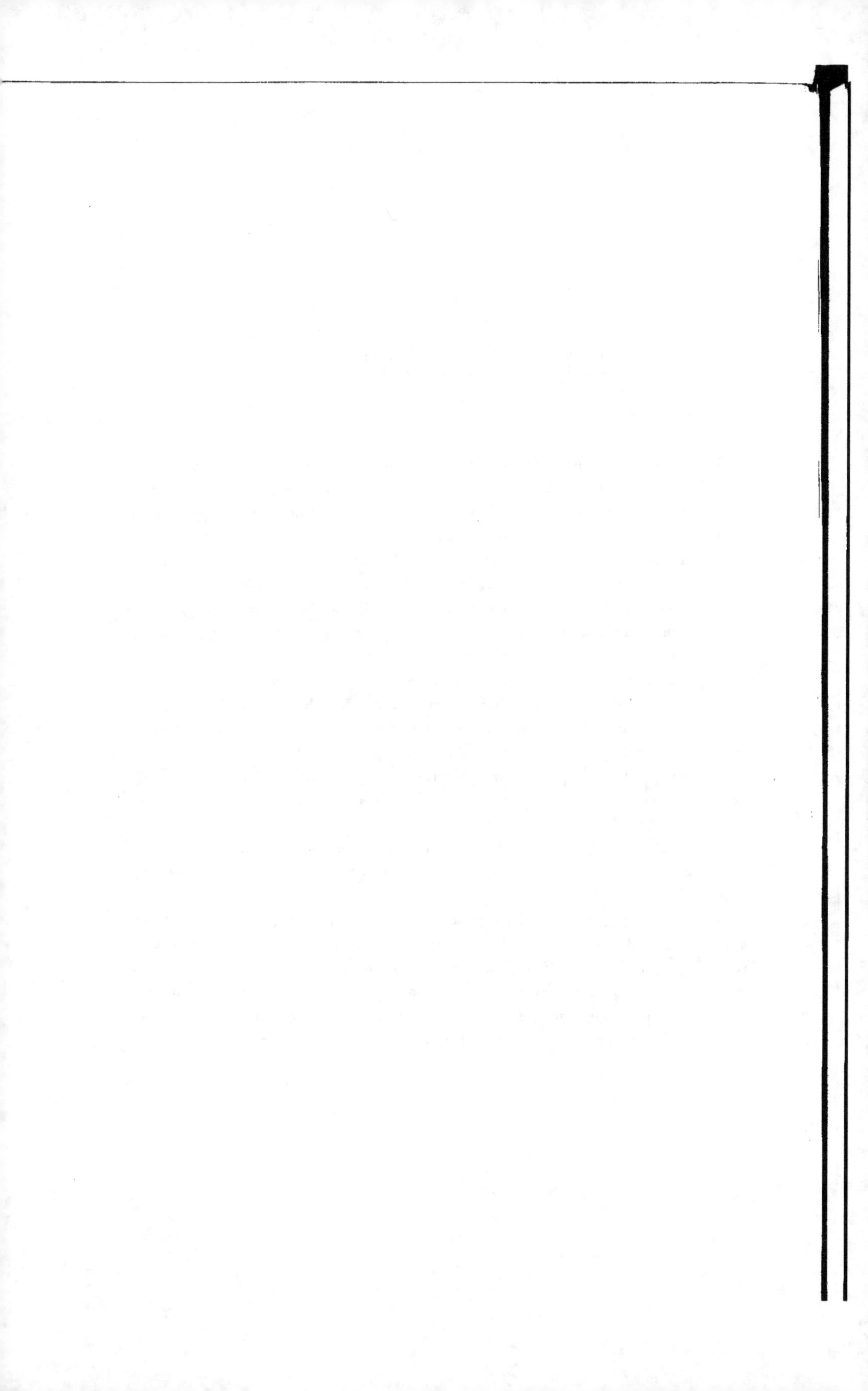

# FAÏENCE DE SATSOUMA.

Grande potiche, en faïence de Satsouma, époque ancienne, d'une pâte mate teintée, couverte d'un brillant vernis mou, craquelé. Elle fait partie d'une paire, mise au rang des œuvres les plus grandioses que la céramique japonaise compte en Occident. Sous le rapport de la hauteur, de la richesse du décor et de la précision du travail, ces vases sont, à notre connaissance, les plus belles pièces qui existent en vieux Satsouma; il serait, en vérité, difficile d'imaginer un ensemble d'un goût plus raffiné et d'un aspect plus somptueux dans tout le domaine de l'art du potier. Le dessin et le coloris de la planche ci-jointe valent la peine d'un examen minutieux; le talent de l'artiste a été mis à une épreuve délicate, et la reproduction qu'il a faite est à peine inférieure à l'original.

La peinture de la potiche consiste tout entière en émaux d'un brillant éclat et d'une netteté de nuance, qui prouvent une maîtrise absolue des difficultés de cette branche de la chimie. Quelques émaux sont opaques, mais le plus grand nombre est semi-opaque et translucide, beaucoup de beaux effets étant dus au glacis des translucides habilement jeté sur les couleurs opaques et semi-opaques. On applique ces dernières à différents degrés d'épaisseur depuis le simple brun lavé des figures jusqu'aux empâtements des nuages, des fleurs et des vêtements.

L'emploi de l'or, mat et brillant tour à tour, donne à l'ensemble un grand air de richesse; il y en a autour du col et du pied, ainsi que dans maint détail de la scène qui se déroule au centre.

Ce vase, avec son pendant, a été, assure-t-on, conservé jusqu'à une date récente dans un sanctuaire japonais; et, d'après la nature religieuse de son sujet, on peut raisonnablement supposer que c'était, dans l'origine, un *ex-voto* qui servait de décor d'autel. Une procession de saints, à pied et à cheval, traverse un pont de bois et se dirige vers un porche éloigné, qui doit figurer l'entrée du paradis; et, chose digne de remarque, chaque personnage a la tête nimbée d'or, de la même façon que dans l'iconographie chrétienne.

Hauteur, 0<sup>m</sup>625.

(*Appartient* à M. A.-Barclay Walker.)

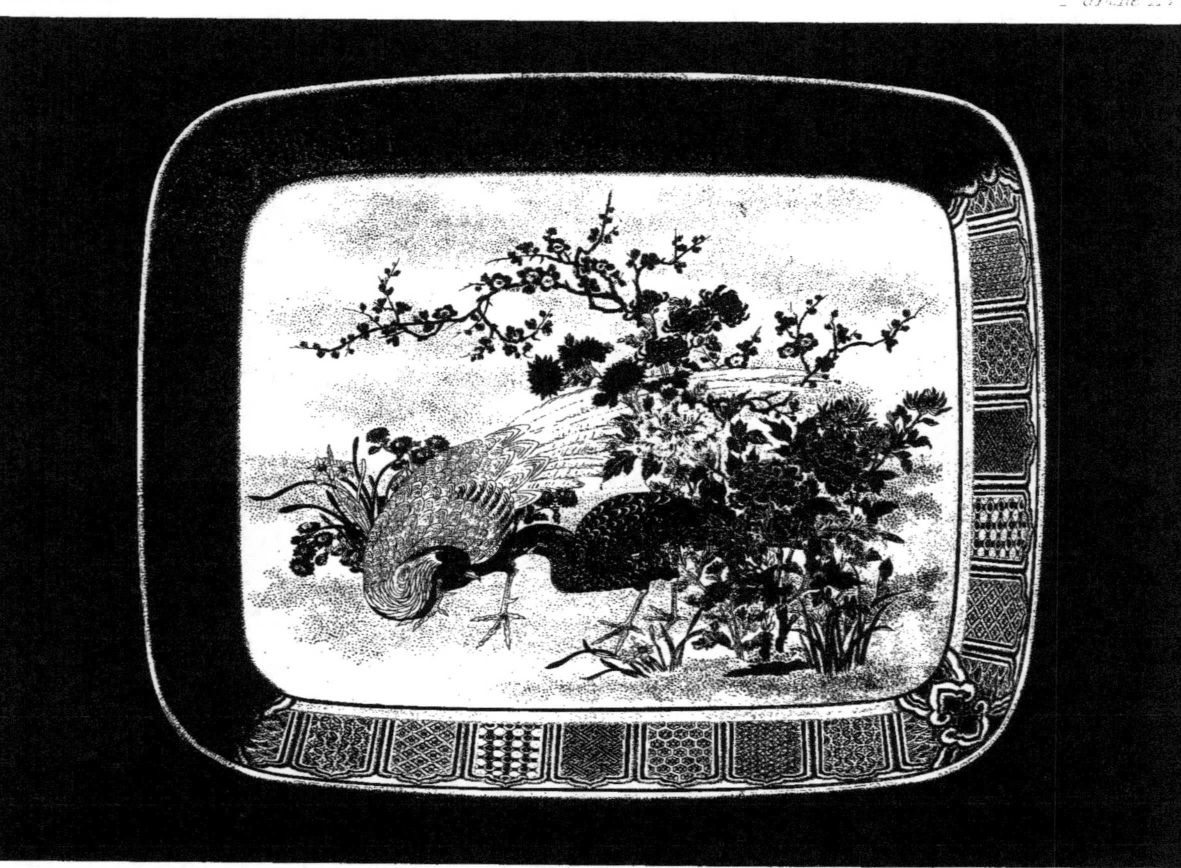

Imp. Firmin Didot, frères fils & Cie, Paris.

Langlois lith.

# FAÏENCE DE SATSUMA.

Plateau oblong, d'une chaude pâte brune, en céladon craquelé, de la plus belle époque moyenne. Ce superbe spécimen de la faïence de Satsuma offre un parfait modèle de la méthode japonaise dans l'application des fleurs, oiseaux et arabesques à la peinture décorative. La couleur, partout riche et harmonieuse, s'associe sans effort avec le fond et le pointillé d'or, et l'ensemble compose une étude bien digne de fixer l'attention de nos artistes. Le sujet a été si admirablement rendu qu'il nous paraît inutile de le décrire; bornons-nous à relever un détail qui n'a pu être reproduit, c'est l'élégante bordure à franges, en couleur mate, qui encadre le plateau à l'extérieur.

Longueur, 0$^m$387. Largeur, 0$^m$312.

*Collection de* M. JAMES L. BOWES.)

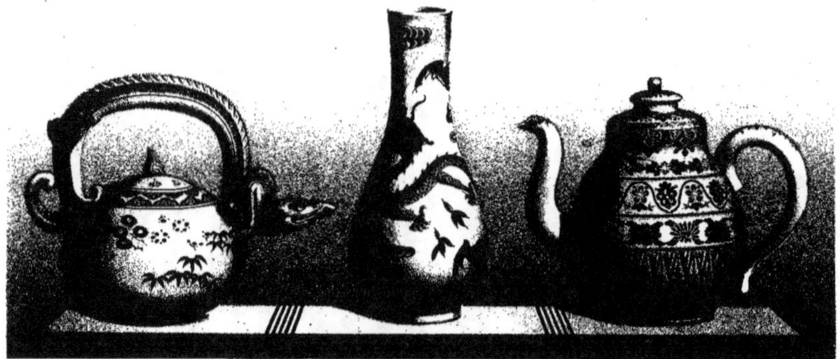

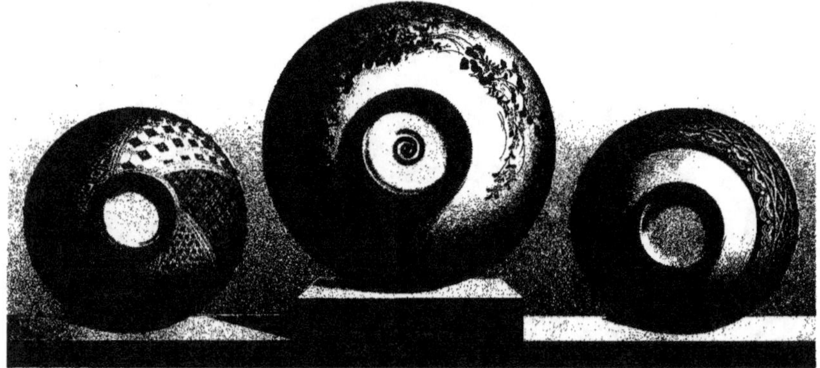

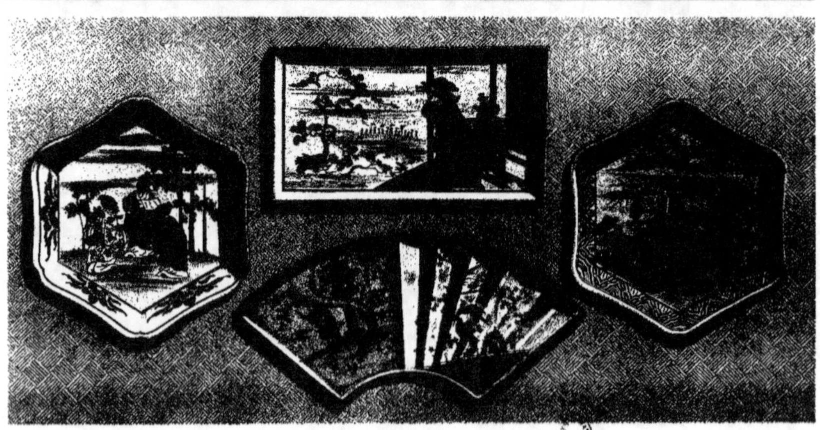

Imp. Firmin Didot & Cie, Paris.

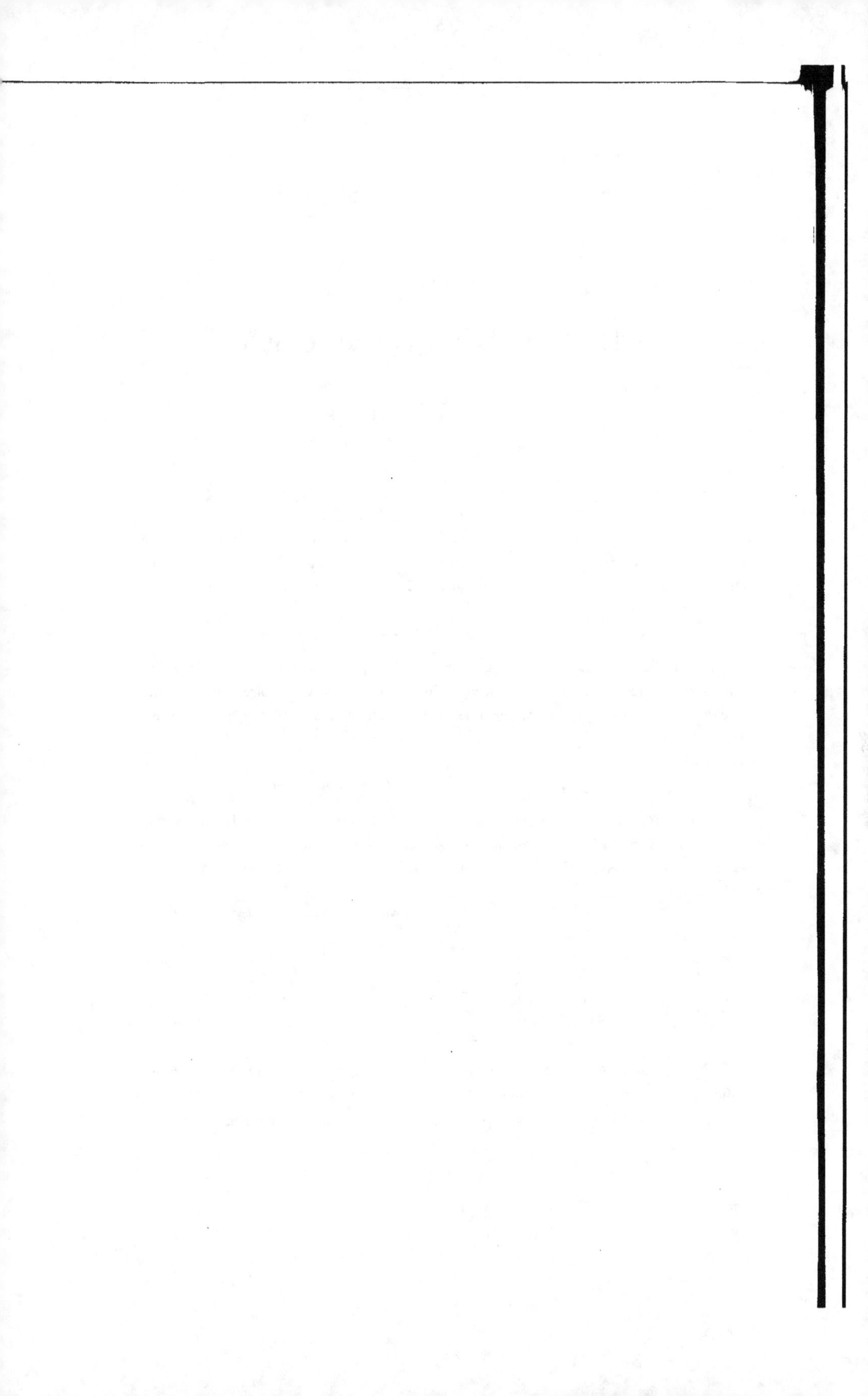

# FAÏENCE DE SATSOUMA.

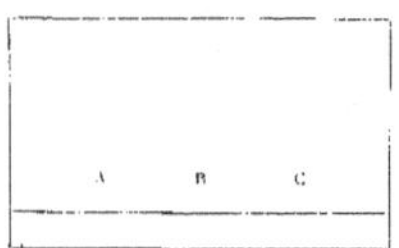

1<sup>er</sup> *Compartiment*. A — Théière, d'une pâte dure, à teinte claire, couverte d'un brillant vernis hardiment craquelé. Le corps est décoré çà et là d'un semis de fleurs et de feuilles détachées. L'anse a la forme d'un dragon aplati, dont la tête fait goulot.

Hauteur, 0<sup>m</sup>150.

*(Appartient à sir Frédéric Leighton.)*

B — Petit flacon, d'une pâte tendre très-fine, à délicate nuance crémeuse, couverte d'un vernis mou, craquelé. Le fini de la surface lui donne l'apparence de l'ivoire poli. Le décor est d'origine chinoise, ainsi qu'on peut le voir au dragon impérial à cinq griffes et aux chauves-souris.

Hauteur, 0<sup>m</sup>150.

*(Collection de M. James-L. Bowes.)*

C — Théière, d'une pâte dure et rugueuse, à teinte claire, couverte d'un brillant vernis, minutieusement craquelé. Le décor se compose d'une riche dorure et de zones de beaux dessins conventionnels, exécutés en émaux d'un ton tranquille, légèrement rehaussés.

Hauteur, 0<sup>m</sup>112.

*(Collection de M. James-L. Bowes.)*

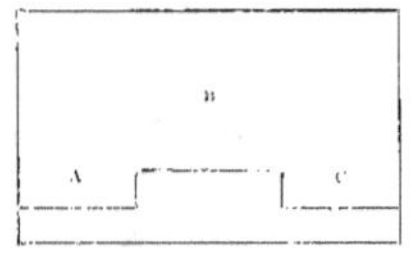

2<sup>e</sup> *Compartiment*. A — Bol à thé, d'une pâte dure, couverte d'un brillant vernis, minutieusement craquelé. Le dehors est rayé de six compartiments en spirale, offrant chacun un damassé différent, exécuté avec soin en or et émaux rouges et verts.

Diamètre, 0<sup>m</sup>112.

*(Appartient à M. Joseph Beck.)*

B — Bol à thé, d'une pâte un peu molle, couverte d'un brillant vernis, minutieusement craquelé. Les fleurs qui le décorent, adroitement jetées sur les bords et retombant dans l'intérieur, sont du goût le plus délicat.

Diamètre, 0<sup>m</sup>137.

(*Collection de* M. James-L. Bowes.)

C — Bol à thé, d'une pâte dure, couverte d'un brillant vernis, hardiment craquelé. Des bandes d'ornements géométriques or, vert et rouge, courent le long des bords.

Diamètre, 0<sup>m</sup>112.

(*Appartient à* M. Joseph Beck.)

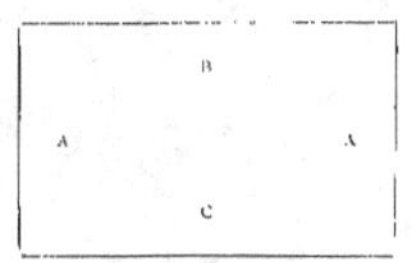

3<sup>e</sup> *Compartiment.* A A — Couple d'assiettes à six pans, d'une pâte à teinte crémeuse, couverte d'un brillant vernis, craquelé. Le décor consiste en sujets à figures bien dessinés, en émaux d'un ton éteint; les bords ont reçu des ornements de convention.

Diamètre, 0<sup>m</sup>200.

B — Plateau oblong, d'une pâte à teinte crémeuse, couverte d'un brillant vernis, craquelé. On y a peint des figures et un paysage au fond.

Longueur, 0<sup>m</sup>225.

(*Appartiennent à* M. Joseph Beck.)

C — Plateau en forme d'éventail, d'une pâte dure, à teinte crémeuse, couverte d'un brillant vernis, craquelé. La scène qui y est représentée paraît se passer dans l'enceinte d'un temple; elle est exécutée en émaux d'un ton tranquille.

Longueur, 0<sup>m</sup>287.

(*Appartient à* M. W.-C. Alexander.)

Il est probable que les plateaux et les assiettes sont d'une fabrication comparativement récente.

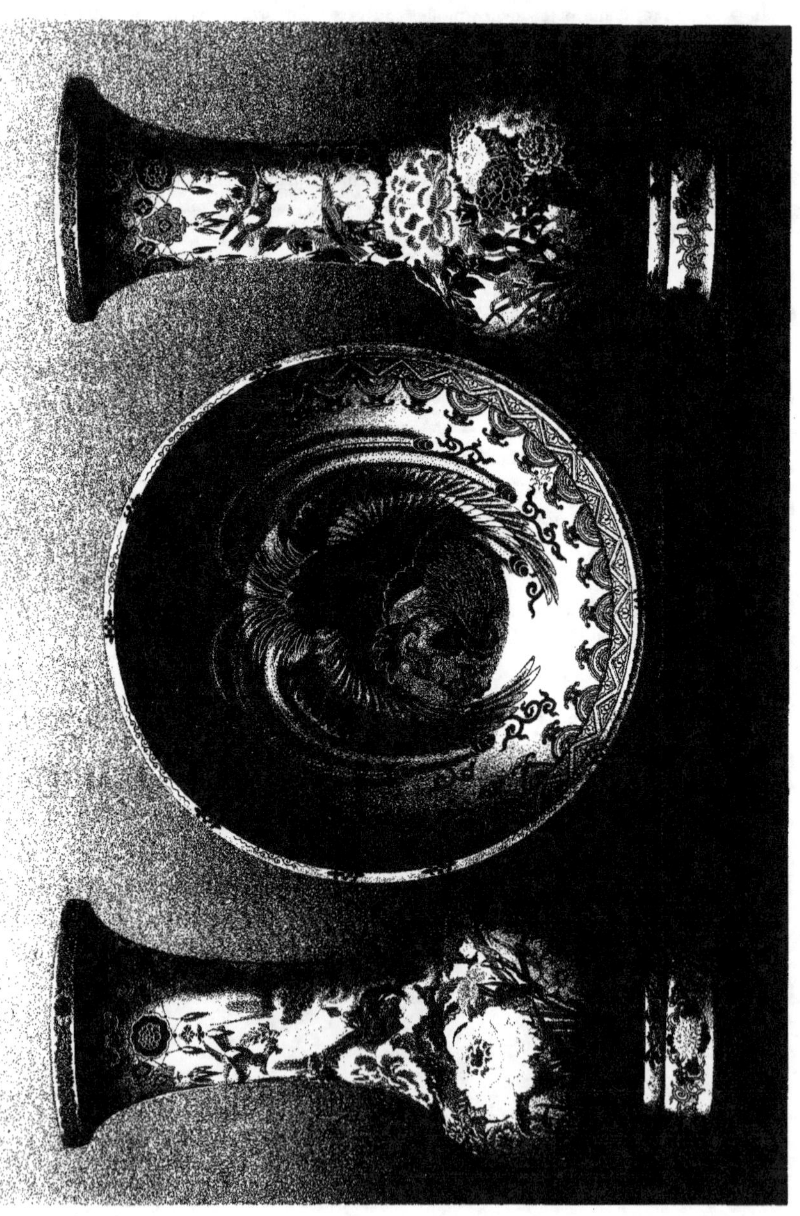

# FAÏENCE DE SATSOUMA.

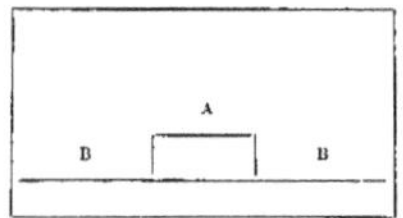

A — Grand plat de l'époque moyenne, en faïence de Satsouma, d'une pâte mate, nuance chamois, couverte d'un brillant vernis craquelé. Le fond intérieur, exécuté magistralement, est rempli par l'image d'un *ho-ho*, et le bord par des zigzags et des franges d'ornement; l'oiseau légendaire est campé bien au centre, et les plumes de ses ailes et de sa queue sont relevées en éventail de façon à l'envelopper presque tout entier. Le dessous du plat n'a reçu que des motifs géométriques et des accessoires de convention.

Diamètre, 0$^m$450.

BB — Paire de potiches, dernière époque de la faïence de Satsouma, d'une pâte tendre, nuance chamois, revêtue d'un vernis craquelé. Le décor, de l'effet le plus riche, se compose d'oiseaux, de fleurs, de feuillage, d'épis de riz, de rinceaux et de franges, peints, du plus pur style, en couleurs vives et or; les épis de riz, légèrement en relief, sont dorés.

Hauteur, 0$^m$538.

(*Collection de* M. James-L. Bowes.)

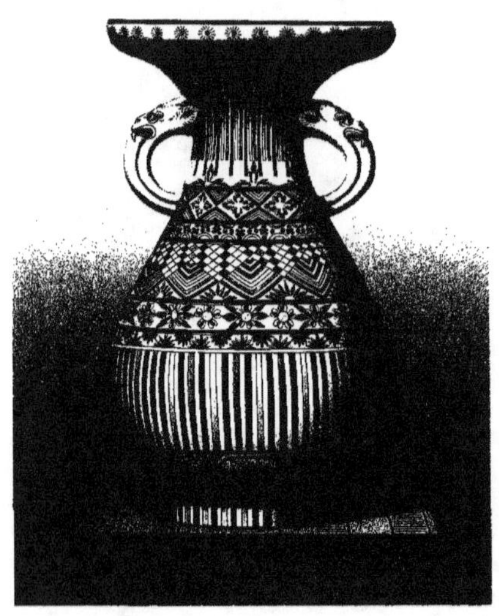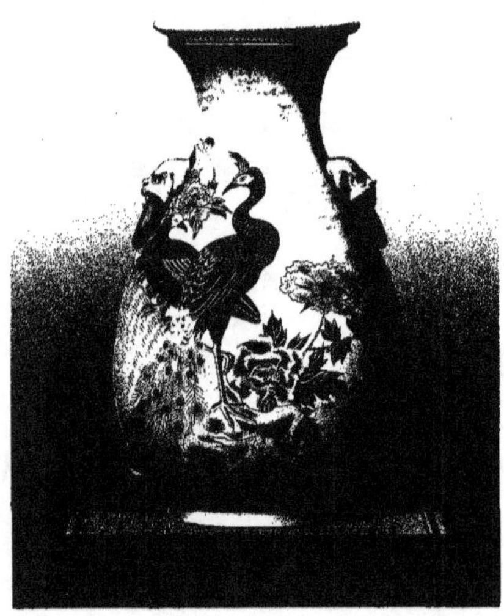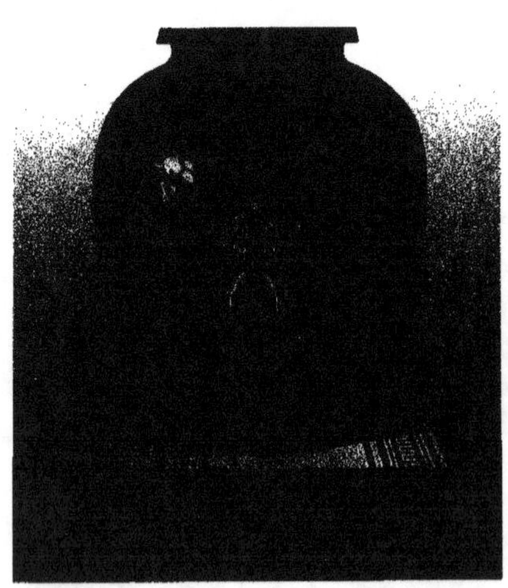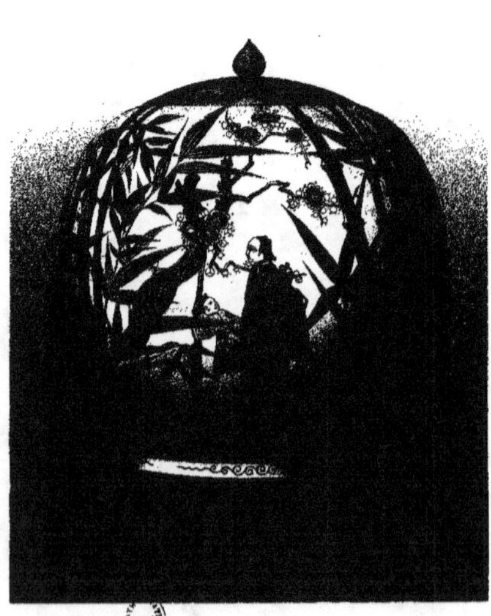

# FAÏENCE DE SATSOUMA.

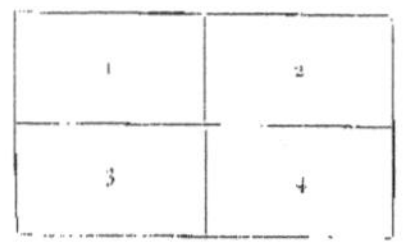

1ᵉʳ *Compartiment*. — Vase, en faïence fine de Satsouma de l'époque moyenne, d'une pâte dure à teinte crémeuse, couverte d'un brillant vernis, craquelé. Cette pièce offre un bon spécimen de la fabrique ; le style du décor est d'une extrême sévérité. Nous avons déjà fait allusion aux dessins de ce genre et à ce vase en particulier (Introd., p. VIII); nous y renvoyons le lecteur. Ce vase est du plus haut intérêt pour les amateurs de l'art japonais.

Hauteur. 0ᵐ294.

(*Appartient* à M. VAL.-C. PRINSEP.

2ᵉ *Compartiment*. — Vase, en faïence fine de Satsouma de l'époque moyenne, d'une pâte dure à teinte crémeuse, couverte d'un brillant vernis, craquelé. Il porte sur sa panse un charmant décor et du meilleur goût, composé de fleurs et d'oiseaux, d'un riche coloris et avec des rehauts d'or. Le traitement du paon montre le talent des artistes japonais à employer les oiseaux comme effet décoratif. Le simple ornement en collerette qui accompagne l'embouchure de ce vase est presque digne de l'ancien art classique.

Hauteur, 0ᵐ362.

(*Collection de* M. JAMES-L. BOWES.

3ᵉ *Compartiment*. — Pot, en vieille poterie de Satsouma, brun rouge, partiellement vernie. Cette pièce doit être, d'après l'autorité d'un Japonais digne de confiance, un des pots destinés à contenir le thé de choix que les princes du Satsouma avaient coutume, dans les anciens temps, d'envoyer en présent à la cour de Kioto. En conséquence, elle a été probablement faite avant l'introduction de la faïence à teinte crémeuse, et ce devait être l'œuvre des potiers coréens qui créèrent en 1592 la fabrication de la faïence de Satsouma. Ainsi que nous l'avons déjà dit en parlant de l'industrie de cette province, on paraît faire grand cas de ces sortes de vases ; et le modèle ci-dessus, selon toutes probabilités, a reçu dans la suite des rehauts de laque ; cette addition indiquerait clairement la valeur qu'on y attachait, sans compter son mérite intrinsèque sous le rapport de l'utilité ou de la beauté. Outre plusieurs oiseaux, les ornements en laque introduits après coup sont un *Oni* et un *Kawara,* symboles décoratifs qu'on place sur les toitures des temples et des palais.

Hauteur, 0ᵐ244.

(*Collection de* M. JAMES-L. BOWES.)

4ᵉ *Compartiment.* — Potiche ronde, en faïence moderne, d'une pâte tendre, couverte d'un brillant vernis, craquelé. Selon toutes probabilités, elle provient de la fabrique d'Ota, et, s'il en est ainsi, il faudrait correctement la ranger parmi les imitations du Satsouma. Au début de nos recherches, il régnait beaucoup d'incertitude touchant la véritable faïence de Satsouma, et personne ne pouvait alors nous instruire. En ces derniers temps, nos relations avec des experts japonais ont beaucoup contribué à éclaircir les doutes qui s'opposent souvent à des tentatives de classification. C'est en puisant à ces sources d'information que nous sommes en état de déclarer que ce vase a été fait à Ota, à l'imitation de ceux du Satsouma.

Le décor est très-remarquable : les bambous et le *moumi* y sont traités en perfection. Le couvercle est en laque écaille de tortue.

Hauteur, 0ᵐ300.

*(Appartient à M. W.-J. Alt.)*

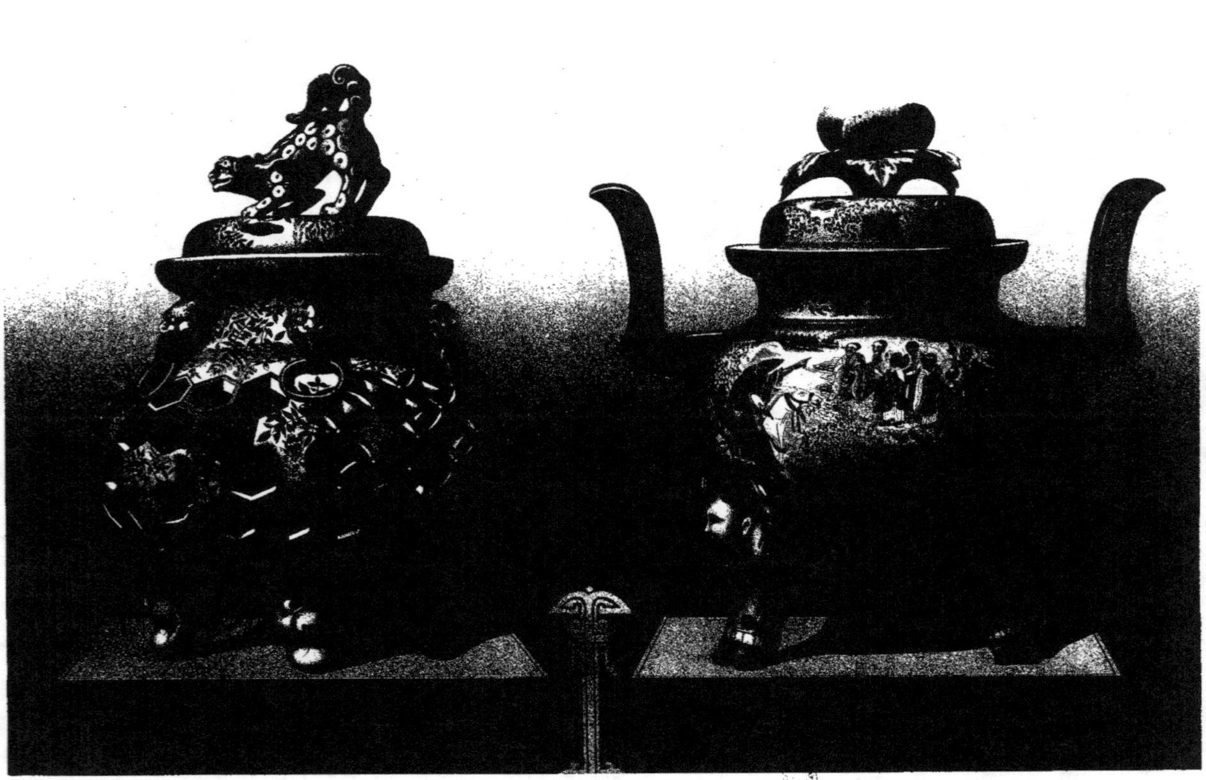

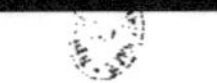

Imp. Firmin-Didot & Cie, Paris.

Spiegel, lith.

# FAÏENCE DE SATSOUMA.

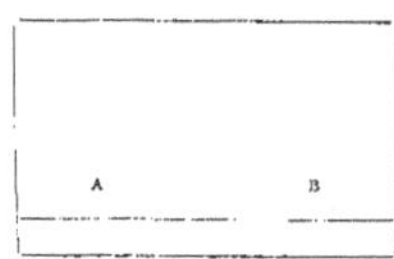

A — *Koro*, en belle faïence de Satsouma, d'une pâte chamois, revêtue d'un mince vernis mou, craquelé. La panse est irrégulièrement couverte à l'extérieur de losanges et d'alvéoles à six pans, et ornée de rameaux de wisteria, du plus joli effet. Reposant sur trois pieds modelés en forme de têtes monstrueuses, cette pièce porte sous le rebord des lions qui tiennent des anneaux mobiles dans un repli de leur langue; le couvercle, percé à jour et bordé de wisteria, est surmonté du lion héraldique japonais. C'est un remarquable modèle en son genre, et qui se recommande par un style peu commun.

Hauteur, 0<sup>m</sup>400.

(Collection de M. James-L. Bowes.)

B — Autre *koro*, en faïence ancienne, couverte d'un brillant vernis mou, craquelé. Sous le rapport de la façon et du décor, il a beaucoup d'analogie avec le vase d'autel reproduit sur la planche XV : ainsi la peinture entière est identique à celle du vase, et probablement du même artiste. Il faisait du reste partie de la série dont ledit vase et son pendant formaient les pièces capitales. L'ensemble de ce *koro* ressort avec assez de netteté pour qu'il soit inutile d'en donner une description détaillée. Quant au style, nous ne reviendrons pas sur ce que nous avons déjà dit dans la légende de la planche en question.

Hauteur, 0<sup>m</sup>325.

(Appartient au major J. Walter.)

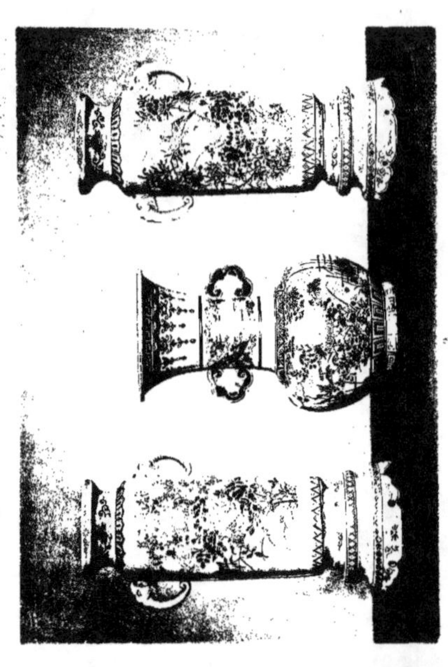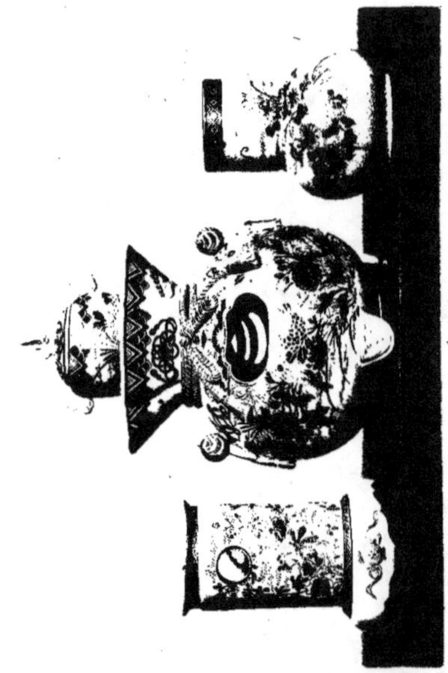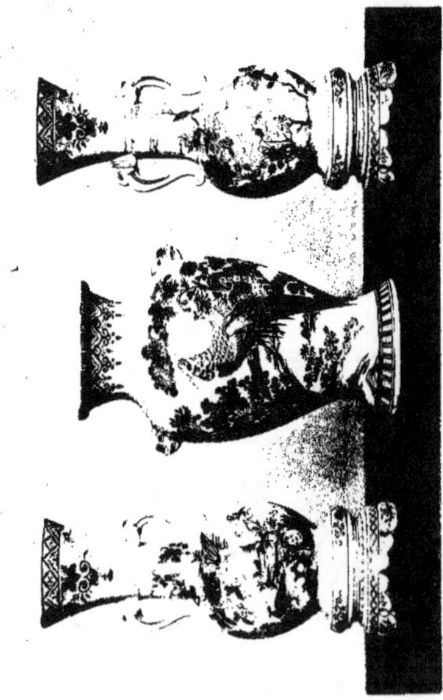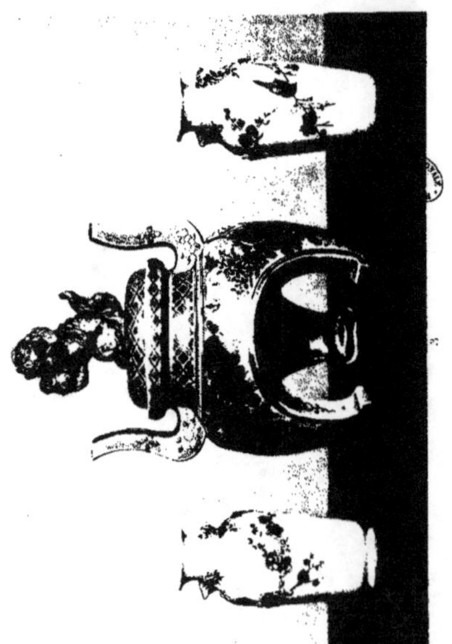

# FAÏENCE DE SATSUMA.

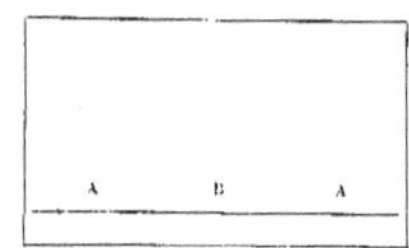

1<sup>er</sup> *Compartiment.* AA — Paire de vases avec support, à panse ronde et col en pavillon; décorés de fleurs, d'oiseaux et de bordures de fantaisie, en couleurs brillantes et or.

Hauteur, 0<sup>m</sup> 338.

*(Appartient à M. G.-A. AUDSLEY.)*

B — Vase en pâte dure de Satsuma, d'un émail vif et craquelé, de l'époque moyenne, portant des touffes de fleurs et des faisans dorés, et autour de l'embouchure des postes et des grecques.

Hauteur, 0<sup>m</sup> 300.

*(Collection de M. JAMES L. BOWES.)*

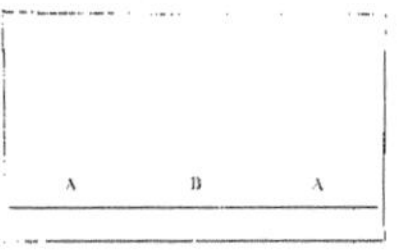

2<sup>e</sup> *Compartiment.* AA — Paire de vases avec support et anses à tête d'éléphant; ornés de fleurs, d'oiseaux et de bordures de fantaisie.

Hauteur, 0<sup>m</sup> 400.

B — Vase à panse ronde et col en pavillon; décoration élégante en groupes de fleurs et en dessins géométriques de forme sévère, avec de longs festons qui retombent de l'embouchure. C'est une pièce de l'époque moyenne, en pâte dure et craquelée au vernis mou.

Hauteur, 0<sup>m</sup> 325.

*(Collection de M. JAMES L. BOWES.)*

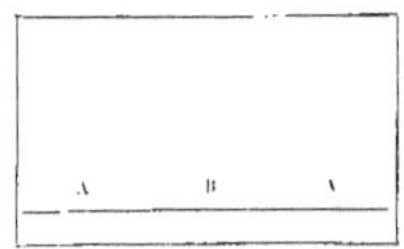

3<sup>e</sup> *Compartiment.* AA — Petits vases à robe grisâtre, d'un brillant émail craquelé. Aux anses en forme de fleurs viennent se rattacher des guirlandes de *noumé* rehaussées en couleur.

Hauteur, 0<sup>m</sup> 150.

*(Appartiennent à M. JOSEPH BECK.)*

B — Brûle-parfums en forme de trépied, surmonté du lion japonais qui tient un globe. La pâte en est de nuance grisâtre, parsemée de fleurs de *ki-kou* rouge et or, de légers festons et de zones d'arabesques. Dernière époque.

Hauteur, 0<sup>m</sup>275.

*(Collection de* M. James L. Bowes.*)*

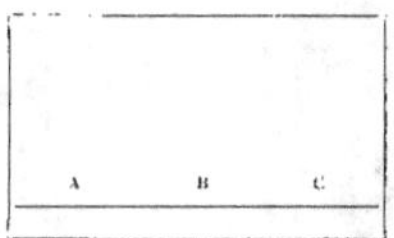

4<sup>e</sup> *Compartiment.* A — Vase cylindrique perforé, de la belle époque moyenne, à teinte chaude et couvert d'un vif émail craquelé. L'ornementation florale et le pointillé d'or en sont de toute beauté.

Hauteur, 0<sup>m</sup>137.

*(Appartient au* major Walter.*)*

B — *Hibachi*, en forme de corne d'abondance japonaise, avec des anses imitant le marteau de Daïkokou. La décoration en est très-soignée, en couleurs vives et or. Dernière époque.

*(Appartient à* M. W.-J. Audsley.*)*

C — Vase à panse ronde et à col en cylindre, élégamment orné de fleurs et de mosaïque. C'est une belle et intéressante pièce de l'époque moyenne; elle est en pâte dure, couverte d'un vernis doux, admirablement craquelé.

Hauteur, 0<sup>m</sup>125.

*(Appartient au* major Walter.*)*

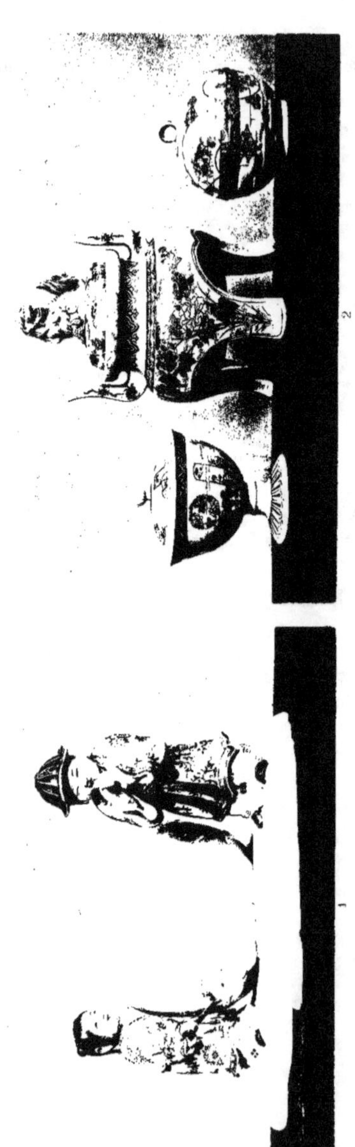
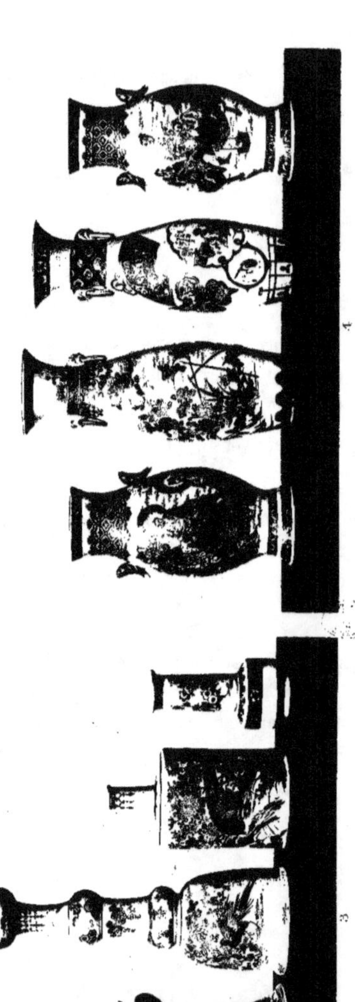
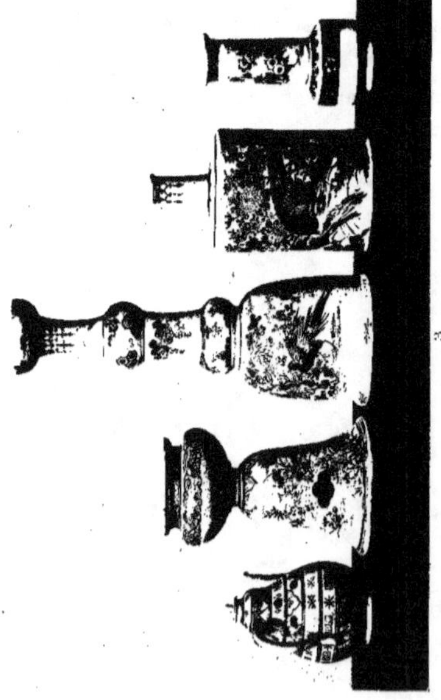

# FAÏENCE DE SATSOUMA.

1<sup>er</sup> *Compartiment.* — Enfants jouant à la boule de neige, en pâte dure, teinte vélin. Il y a sur leurs vêtements des broderies en rouge, vert et or. Le groupe est habilement conçu et rendu avec beaucoup de savoir-faire, surtout dans l'expression des physionomies.

Hauteur, 0<sup>m</sup>164.

*(Appartient au* major J. Walter.)

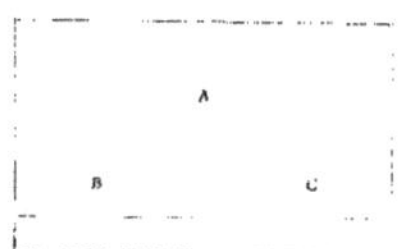

2<sup>e</sup> *Compartiment.* A. — *Koro*, en pâte dure, teinte vélin, enduite d'un brillant vernis craquelé. Après l'avoir jeté tout d'une pièce, on en a dégagé les pieds en les courbant légèrement du bas. Il est orné avec goût de fleurs, qui s'enlèvent en émaux plats et rehaussés, à couleurs riches et or mat. Des bandes frangées font le tour du col. Le couvercle, percé à jour, supporte, selon une habitude assez fréquente, un lion japonais ayant une patte posée sur le globe mystique.

Hauteur, 0<sup>m</sup>275.

B — Bol à couvercle, d'une pâte dure à teinte claire, vernie et craquelée ; on y voit des médaillons de différentes formes, avec des fleurs et autres sujets, exécutés en émaux plats et rehaussés, à teintes douces relevées d'or.

Hauteur, 0<sup>m</sup>150.

C — Bol à couvercle, d'une pâte claire, vernie et craquelée, avec médaillons à sujets.

Hauteur, 0<sup>m</sup>125.

*(Collection de* M. James-L. Bowes.)

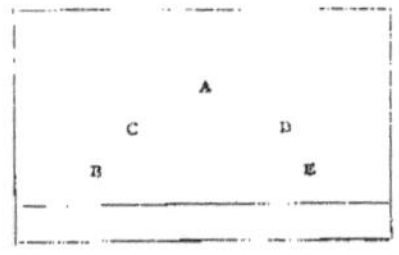

3<sup>e</sup> *Compartiment.* A — Chandelier, en très belle faïence ancienne, de cette nuance tendre et crémeuse qu'on observe seulement sur les pièces d'autrefois, couverte d'un mince vernis, mou et craquelé. La pâte en est moins dure ou moins siliceuse que celle de la moyenne et de la dernière époque, mais elle est d'un travail irréprochable. L'ornementation, ainsi qu'on peut le voir, est graduée avec art selon les parties de l'objet et exécutée en teintes élégantes qui se marient admirablement avec la douceur du fond. C'est un rare et beau modèle du temps.

Hauteur, 0<sup>m</sup>350.

B — Théière, en pâte dure, vernie et craquelée; les dessins qui l'accompagnent, délicats et sobres, rappellent l'art égyptien.

Hauteur, 0<sup>m</sup>138.

C — Porte-bouquet, monté sur un pied en forme de calice renversé, en pâte dure vélin, vernie et craquelée, avec des motifs de fleurs et des bandes de fantaisie.

Hauteur, 0<sup>m</sup>194.

D — Bocal, en pâte crémeuse et dure, vernie et craquelée; il est richement peint de faisans dorés et de touffes de chrysanthèmes, en brillants émaux et or.

Hauteur, 0<sup>m</sup>215.

(Collection de M. James-L. Bowes.)

E — Porte-bouquet, en pâte crémeuse, couverte d'un vernis mou, craquelé, avec fleurs, bandes et bordure à franges, le tout dans un ton calme et délicat.

Hauteur, 0<sup>m</sup>164.

(Appartient à M. W.-J. Audsley.)

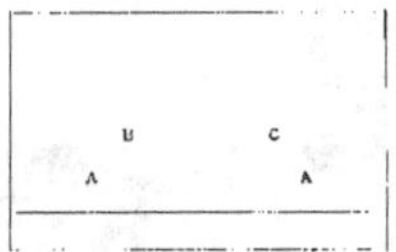

4<sup>e</sup> Compartiment.. A A — Paire de vases, en belle faïence ancienne, ayant beaucoup d'analogie, pour la façon et le genre de décor, avec le vase de la planche XV (voy. la légende correspondante). La pâte est d'une teinte neutre, sous une mince couche de vernis, et finement craquelée. Les sujets qu'elle présente sont empruntés à la mythologie bouddhique : exécutés avec un soin minutieux, ils sont en émaux d'une nuance harmonieuse, ainsi que les larges bracelets décoratifs du col; l'or y est semé à profusion.

Hauteur, 0<sup>m</sup>225.

(Appartiennent à M. William Mathison.)

B — Vase, en faïence, de l'époque moyenne, teinte neutre, couverte d'un brillant vernis, craquelé. Le charmant décor de chrysanthèmes qui accompagne toute la surface consiste, de même que les bandes du col et du pied, en rouge sombre et autres émaux très foncés et en or mat.

Hauteur, 0<sup>m</sup>270.

(Appartient à M. G.-A. Audsley.)

C — Vase, en faïence, de l'époque moyenne, teinte neutre, couverte d'un vernis mou, craquelé. Le décor entier, conçu dans un sentiment assez archaïque, est exécuté en couleurs fines et tranquilles. On y peut voir un bon exemple du goût japonais pour les médaillons irréguliers.

Hauteur, 0<sup>m</sup>275.

(Appartient à M. W.-J. Audsley.)

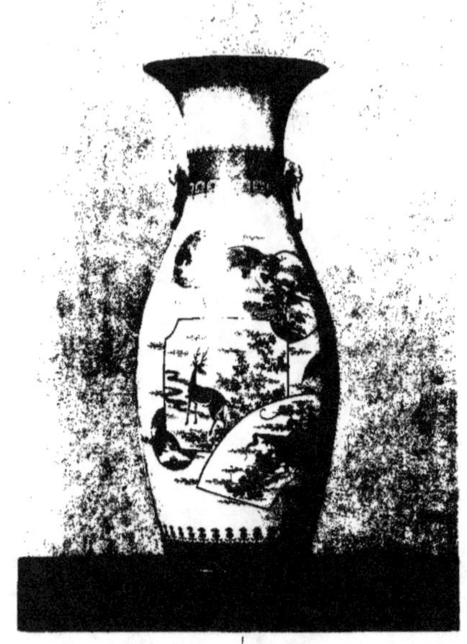

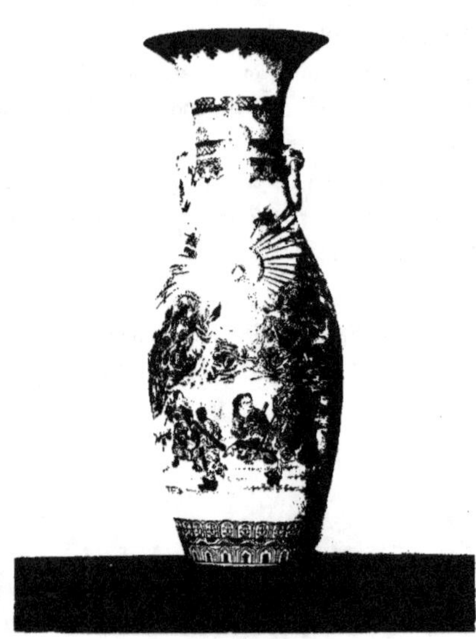

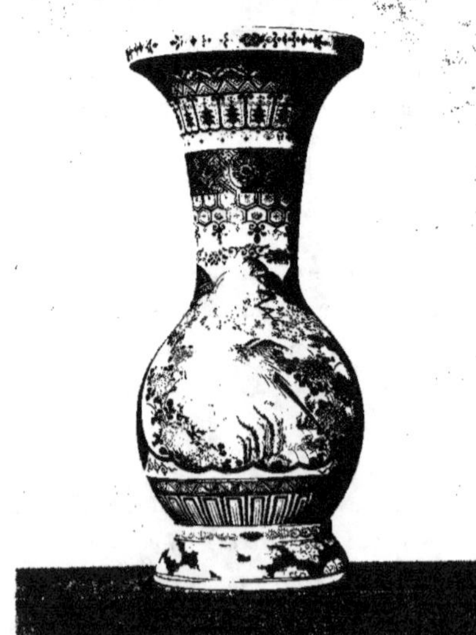

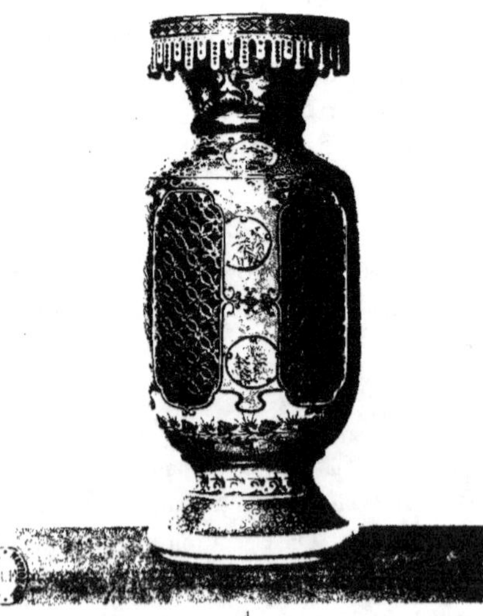

# FAÏENCE DE SATSOUMA.

$1^{er}$ *Compartiment.* — Grand vase, de l'époque intermédiaire, d'une pâte légèrement teintée et couverte d'un brillant vernis, à craquelure uniforme.

Cette pièce est décorée dans le style japonais par excellence, c'est-à-dire que l'irrégularité de parti pris s'y donne libre carrière. Les médaillons superposés y ont des formes variées et contiennent des animaux, des oiseaux, des fleurs, le tout exécuté en émaux de couleur et or. Même coloris pour les bordures et bandes du col et du pied. L'effet général de cette pièce n'en est pas moins harmonieux et d'excellent goût.

Hauteur, 0ᵐ637.

(*Collection de* M. James-L. Bowes.)

$2^{e}$ *Compartiment.* — Grand vase, de l'époque intermédiaire, pâte d'une faible nuance crémeuse, couverte d'un brillant vernis, craquelé.

L'ornementation de cette curieuse pièce est mythologique : elle représente, à ce qu'il semble, la descente du dieu du soleil sur la terre. Les rayons qui s'échappent de la tête du dieu paraissent mettre en fuite les démons des ténèbres, qui se dispersent précipitamment avec des signes de rage impuissante. La composition a beaucoup d'animation et le coloris est chaud et harmonieux, qualité qui ne se retrouve plus guère dans les ouvrages des époques postérieures. Le nimbe et les rayons du dieu sont faits d'un pointillé d'or, légèrement accentué ; les bordures du haut et du bas, toutes de convention, sont en riches émaux de couleur et or.

C'est le plus grand spécimen que nous ayons jusqu'ici rencontré de cette époque, en faïence du Satsouma.

Hauteur, 0ᵐ800.

(*Appartient à* M. A.-Barclay Walker.)

$3^{e}$ *Compartiment.* — Vase, en faïence de Satsouma, dernière époque, d'une pâte crémeuse, sous couverte craquelée.

## FAÏENCE DE SATSOUMA.

La panse porte un paysage avec de grands oiseaux ; le pied, des motifs géométriques ; et le col, d'une forme allongée, un riche décor de convention ; le tout exécuté, sans rehauts, en émaux de couleur et or.

Hauteur, 0ᵐ450.

(Appartient à M. Harry Samuel.)

4° *Compartiment.* — Vase réticulé, en faïence de Satsouma, dernière époque.

Cette pièce intéressante a reçu un décor minutieux en or et en émaux de couleur, plats et rehaussés. Les ornements appliqués sur le pied, entre les quatre panneaux réticulés et sur le haut de la panse, sont du plus pur style et rendus avec une exactitude merveilleuse. On distingue aussi sur ce vase des médaillons ronds plus petits, où l'on a peint des paysages, des oiseaux et des fleurs. Le reste du décor est tout à fait de fantaisie et ressemble à celui de certaines miniatures du quinzième siècle. La pâte est d'une teinte grise, couverte d'un brillant vernis, craquelé.

Hauteur, 0ᵐ332.

(Appartient à M. G.-A. Audsley.)

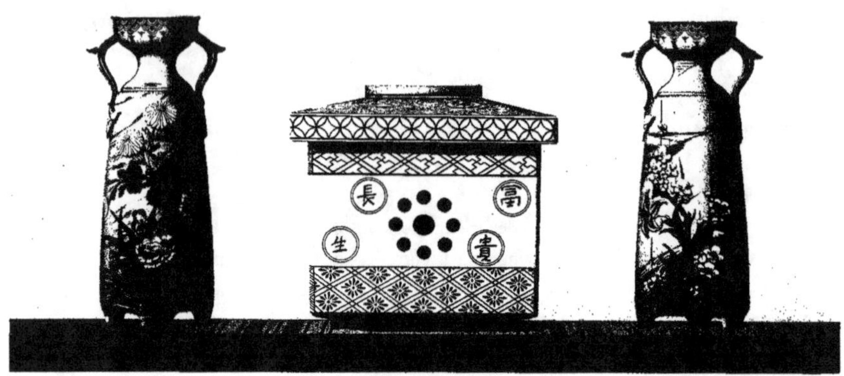

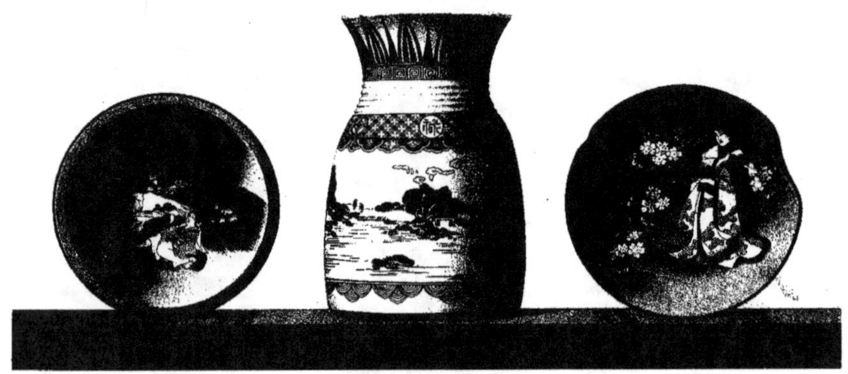

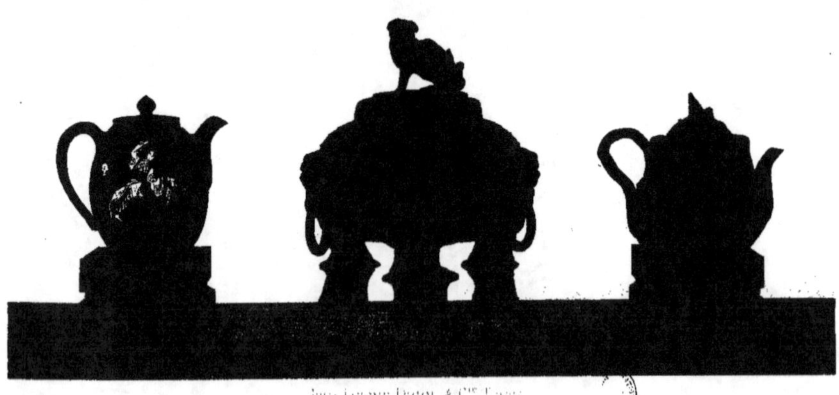

Imp. Lemercier, Decot & Cie, Paris

# FABRIQUE D'ISI.

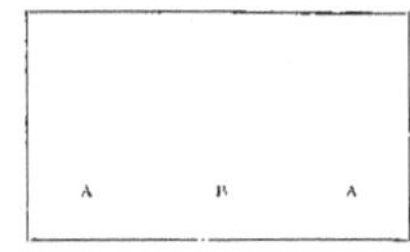

1ᵉʳ *Compartiment*. AA — Paire de vases à anses et à embouchure en forme de coupe, en poterie vernie ; motifs floraux en émaux de relief.

Hauteur, 0ᵐ250.

B — Boîte carrée à couvercle, d'une pâte chamois, couverte d'un vernis éteint. Le décor consiste en dessins géométriques réguliers rouge brique ; il est coupé par le milieu d'une large bande, où l'on a placé des armoiries et des inscriptions : celles-ci signifient *longévité, richesse, bonheur*. Cette boîte sort probablement des ateliers de Yédo.

Hauteur, 0ᵐ112.

(*Collection de* M. James-L. Bowes.)

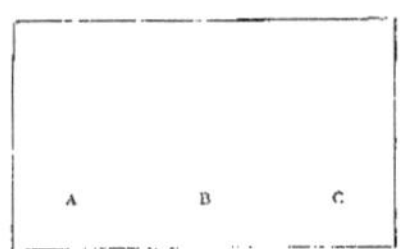

2ᵉ *Compartiment*. A — Assiette en poterie, couverte d'un épais vernis grisâtre. Scène à figures dans un paysage, en riches émaux de couleur rehaussés.

Hauteur, 0ᵐ281.

B — Pot, d'une pâte chamois, couverte d'un mince vernis. Le décor, conçu dans un style archaïque, comprend un paysage entre des bandes conventionnelles rouges, vertes et bleues, d'un ton éteint, et inégalement réparties. Fabrique de Yédo, probablement.

Hauteur, 0ᵐ225.

(*Collection de* M. James-L. Bowes.)

C — Assiette écornée, en poterie noirâtre, vernie. Un personnage debout, en riche costume d'apparat, et une branche d'arbre en fleur adroitement jetée, voilà le décor. Les deux écornures qu'on remarque sur le bord, l'une assez grande, l'autre petite, marquent bien le fantasque penchant des artistes japonais.

Diamètre, 0ᵐ188.

(*Appartient à* M. R.-Phéné Spiers.)

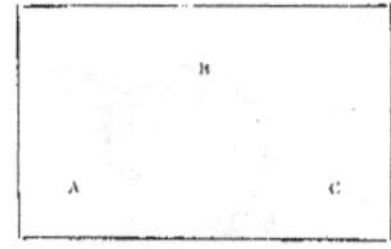

3° *Compartiment*. A — Petite théière, d'une pâte dure très‑mince, brun noirâtre, non vernie. Figures en brillants émaux de couleur opaques et en relief.

Hauteur, 0ᵐ095.

B — Petit *koro*, en poterie brune, couverte d'un vernis éteint. Le corps est soutenu par trois enfants et pourvu de trois poignées à têtes. Un lion japonais surmonte le couvercle.

Hauteur, 0ᵐ167.

C — Petite théière, d'une pâte très‑mince, dure et extrêmement résistante, brun noirâtre. Branches de *moumi*, travaillées en relief.

Hauteur, 0ᵐ075.

(*Collection de* M. James-L. Bowes.)

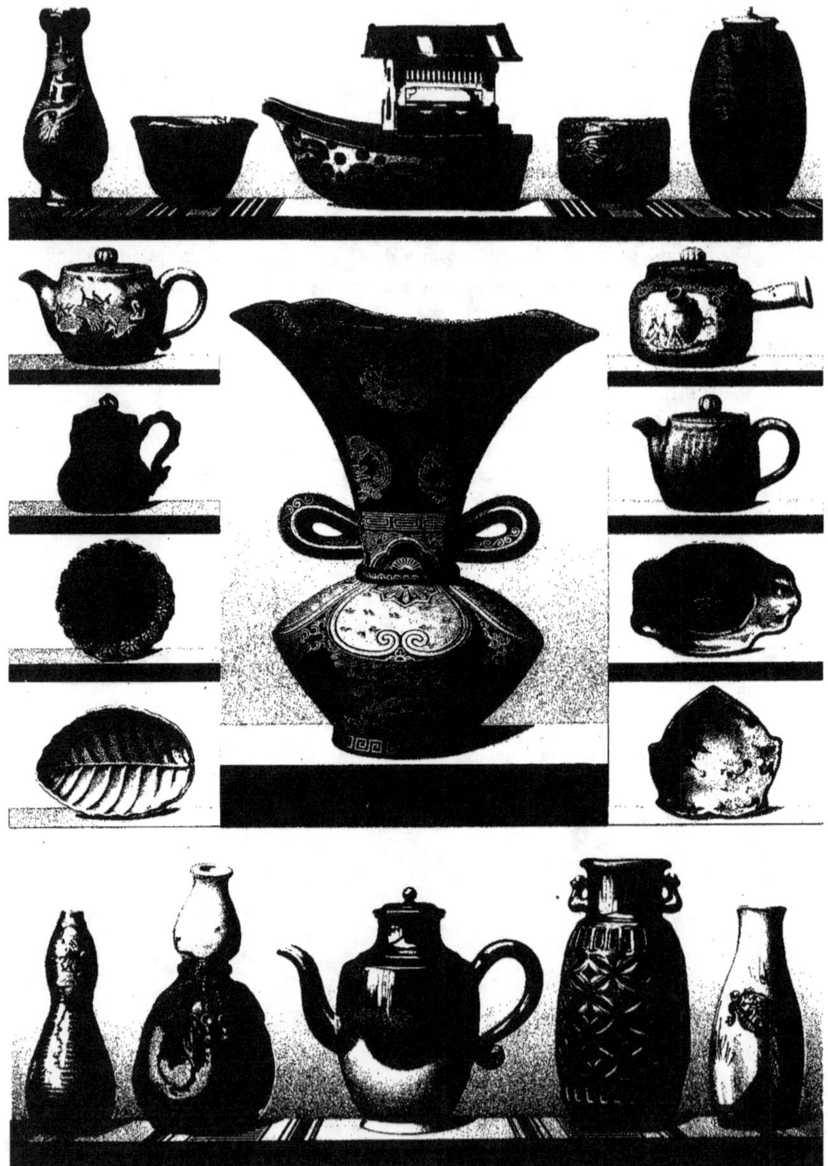

Imp. Firmin-Didot & Cie, Paris.

Lestel, lith.

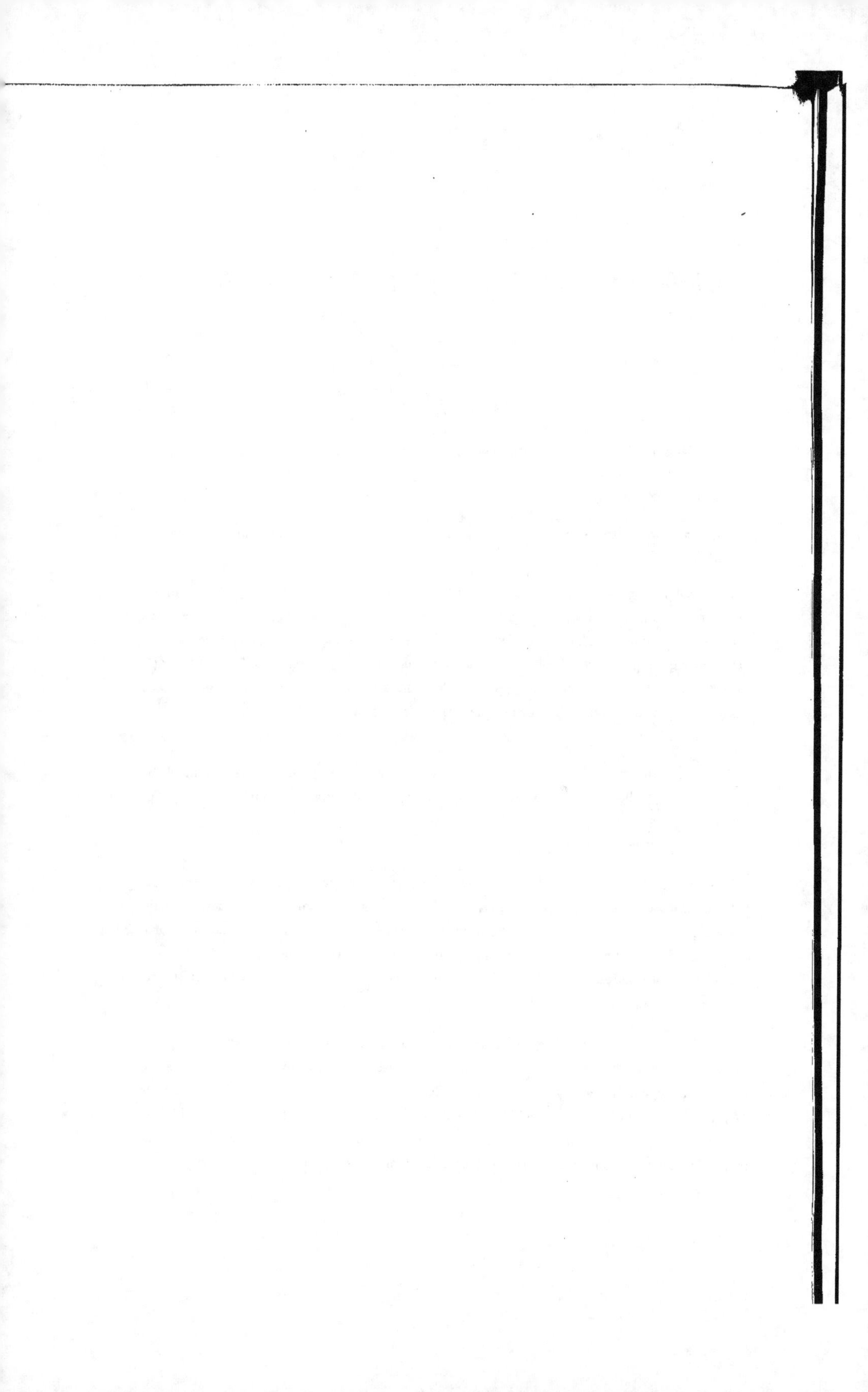

# ISI ET AUTRES PROVENANCES.

```
 B    C    A    D    E
 G                   K
 H         F         L
 I                   M
 J                   N
 O    P    Q    R    S
```

A — Brûle-parfums en forme de bateau, vieux Kioto du genre *rakou,* décoré en émaux bleus, verts, jaunes et pourpres.

Longueur, 0ᵐ190.

B — Vase de Kioto, genre *rakou,* éclaboussé de vert, avec un dragon en or.

Hauteur, 0ᵐ193.

C — Bol à thé, en vieux Kioto de choix, genre *rakou,* de forme irrégulière, couvert d'un vernis mou vert, tacheté de jaune. C'est un modèle des anciens bols si recherchés pour la cérémonie du Chanoyou. Il a été apprécié par un amateur indigène comme un spécimen de la plus belle qualité des articles *rakou,* et une pièce semblable aurait coûté, nous dit-on, 700 *yen* d'or (environ 3,500 fr.), lorsque le Chanoyou était dans sa plus grande faveur. On y voit la marque imprimée de la famille Chodjiro.

Diamètre, 0ᵐ104.

D — Bol à thé, en vieux Kioto, genre *rakou,* d'un modèle rugueux, couvert d'un chaud vernis brun, tacheté. On y a esquissé des cigognes blanches en quelques coups de brosse.

Diamètre, 0ᵐ087.

E — Pot à thé, en vieux grès de Bizen, qualité supérieure, partiellement verni. Ces pots, destinés au thé en poudre, ont été, à toutes les époques, fort estimés des Japonais. Celui-ci, quoique de matériaux communs et d'une fabrique sans réputation, sortit des mains de son propriétaire enveloppé d'un fourreau de soie et enfermé dans une mignonne boîte laquée en bois de *kiri.* Il passe pour avoir six cents ans d'existence.

Hauteur, 0ᵐ116.

F — Vase, en vieux Yatsouchiro, d'une pâte d'un gris rougeâtre, couverte d'un vernis clair, craquelé. Le décor est en argile blanche incrustée, et les devises sont peintes sur le vernis en émaux rouges et verts et en or. Cette pièce a été faite dans l'usine de Chirno Toyohara, située près de Yatsouchiro, ville de la province d'Higo. L'usine fut fondée par un noble Coréen à la fin du seizième siècle; elle est encore occupée par ses descendants, mais leurs produits sont très-inférieurs à ceux de leurs ancêtres. Le trait caractéristique du vieux Yatsouchiro est l'excellent travail de sa décoration blanche incrustée ; néanmoins, la dorure et les émaux de couleur, ajoutés postérieurement à notre vase, sont d'une grande beauté et se marient parfaitement avec le ton général.

Hauteur, 0$^m$287.

G — Théière, en *banko* d'Isi, dorée et décorée d'oiseaux.

Hauteur, 0$^m$062.

H — Théière, en *banko* d'Isi, d'une pâte dure brun rouge, couverte d'un grand nombre de marques imprimées, qui signifient *bonheur, santé, longue vie,* etc.

Hauteur, 0$^m$068.

I — Assiette, genre *Kichiou,* pourpre et bleu, faite à l'usine de Wakayama (province de Kii).

Diamètre, 0$^m$150.

J — Assiette, en forme de feuille, faïence Minato, couverte d'un vernis jaune.

Longueur, 0$^m$275.

K — Théière, en *banko* d'Isi, à la panse gris brun. Le décor se compose de rinceaux d'or, d'émaux de couleur et de panneaux demi-transparents en pâte blanche.

Hauteur, 0$^m$072.

L — Théière, en *ban o* d'Isi, d'une pâte mince et grise, presque entièrement couverte de sentences poétiques en lettres gravées.

Hauteur, 0$^m$072.

M — Assiette, en *Ko Hagi,* d'une pâte à teinte neutre, modelée d'une façon bizarre. C'est l'œuvre du potier Hagi, de la province de Nagato, et, comme elle est antérieure à l'an 1644, elle est dite *Ko Hagi,* ou vieux Hagi.

Longueur, 0$^m$160.

N — Assiette en forme de feuille, d'Inouyama (province d'Owari), d'une pâte à teinte neutre, couverte d'un brillant vernis, et ornée de feuillage en riches nuances d'automne.

Diamètre, 0$^m$181.

O — Flacon à *saki,* article *asahi,* verni partiellement, fait à Oudji (province de Yamachiro). Ce genre tire son nom de l'effet particulier de son vernis nuageux, qui ressemble à des lueurs d'aurore.

Hauteur, 0$^m$178.

P — Bouteille en forme de gourde, vernie de brun et de blanc, faite dans la province de Nagato, probablement à l'usine de Toyoura-yama.

Hauteur, 0<sup>m</sup>275.

Q — Pot à eau, en Foudjina, d'une chaude pâte chamois, partiellement couverte d'un brillant vernis vert. Ce vernis partiel est un trait caractéristique de la fabrique de Madsouyi (province d'Idsoumo).

Hauteur, 0,187.

R — Vase réticulé, modèle du céladon qui a rendu la fabrication de Sanda célèbre pendant quelque temps, après son établissement en 1690, dans la province de Setsou.

Hauteur, 0<sup>m</sup>238.

S — Flacon à *saki*, de Chigaraki, d'une pâte à teinte brune, en partie couverte d'un épais vernis blanc, sur lequel on voit une tortue et d'autres motifs en bleu. On fabrique cet article dans la province d'Omi.

Hauteur, 0<sup>m</sup>160.

(*Collection de* M. James-L. Bowes.)

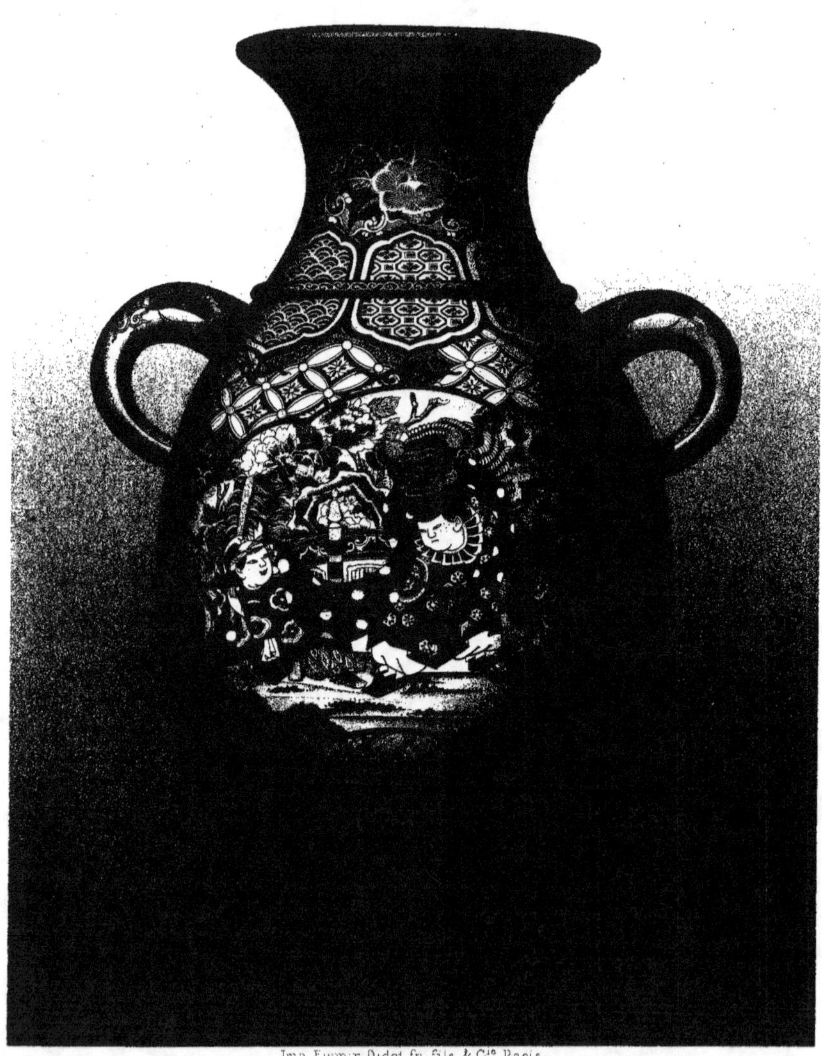

Imp. Firmin Didot fr. fils & Cie. Paris.

Jatou lith.

# PORCELAINE DE KAGA.

Grand vase en vieille porcelaine polychrome de Kaga, soigneusement décoré de dessins de fantaisie et de larges médaillons contenant des figurines et des fleurs. Le pied est divisé en deux postes : l'une rouge, verte et bleue, dans le pur style classique ; l'autre en zigzag, à la manière gothique. Sur le fond rouge de la panse, rehaussé par places de motifs arabesques et d'enroulements dorés, se détachent quatre médaillons accolés, dont deux portent des figurines, fleurs, etc., et deux un ciel de convention, constellé de nuages truités. Autour du col sont disposés huit cartouches, remplis chacun d'une mosaïque différente ; et le col même, ainsi que l'embouchure, a reçu des fleurs de *boutan*, des feuillages, des rinceaux d'or et une de ces bordures à lambrequins dans l'invention desquelles excelle l'art japonais.

Hauteur, 0^m 504.

(Collection de M. James L. Bowes.)

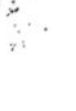

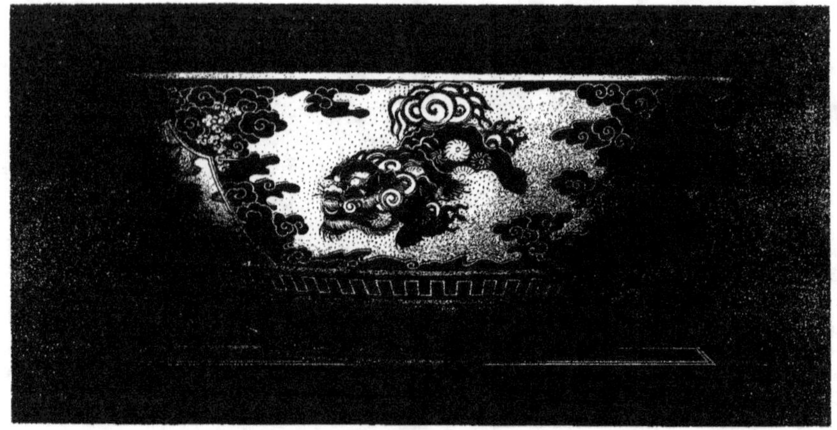

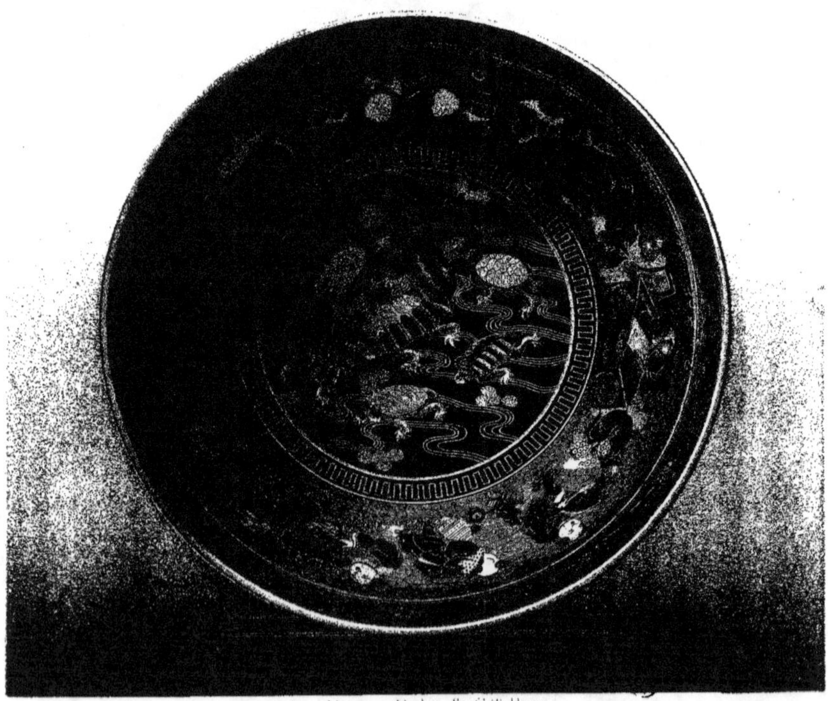

Imp. Firmin Didot & Cie Paris.

Ouen lith.

# FABRIQUE DE KAGA.

Bol, en porcelaine rouge et or.

Voici une des plus délicates et des plus magnifiques pièces de Kaga, qui aient été introduites en Angleterre. Elle a été acquise au Japon par S. A. R. le duc d'Édimbourg et exposée, à son retour, en même temps que toute sa belle collection orientale, au musée de South-Kensington, à Londres.

Pour mieux la faire apprécier, elle est présentée dans la planche ci-jointe, sous deux faces, l'intérieur et le profil. Malgré le soin et l'exactitude de la reproduction, c'est à peine si la copie donne une idée de la perfection du travail original. La ceinture de figures qui fait le tour du bol en dedans est un de ses traits les plus saisissants ; mais, ainsi réduite en raccourci, elle perd de son effet. L'étroite bordure qui la surmonte se compose d'un vol de grues, et le médaillon du fond représente des tortues, qui s'ébattent dans l'eau. Des animaux chimériques au milieu des nuages et des réserves où l'on voit des grues décorent l'extérieur de ce morceau intéressant.

Tout le décor est fait de ce rouge intense qui se rencontre seulement dans la plus belle qualité de la porcelaine de Kaga, et est richement rehaussé d'or.

Diamètre, 0$^m$237.

Hauteur, 0$^m$112.

*(Collection de S. A. R. le duc d'Édimbourg.)*

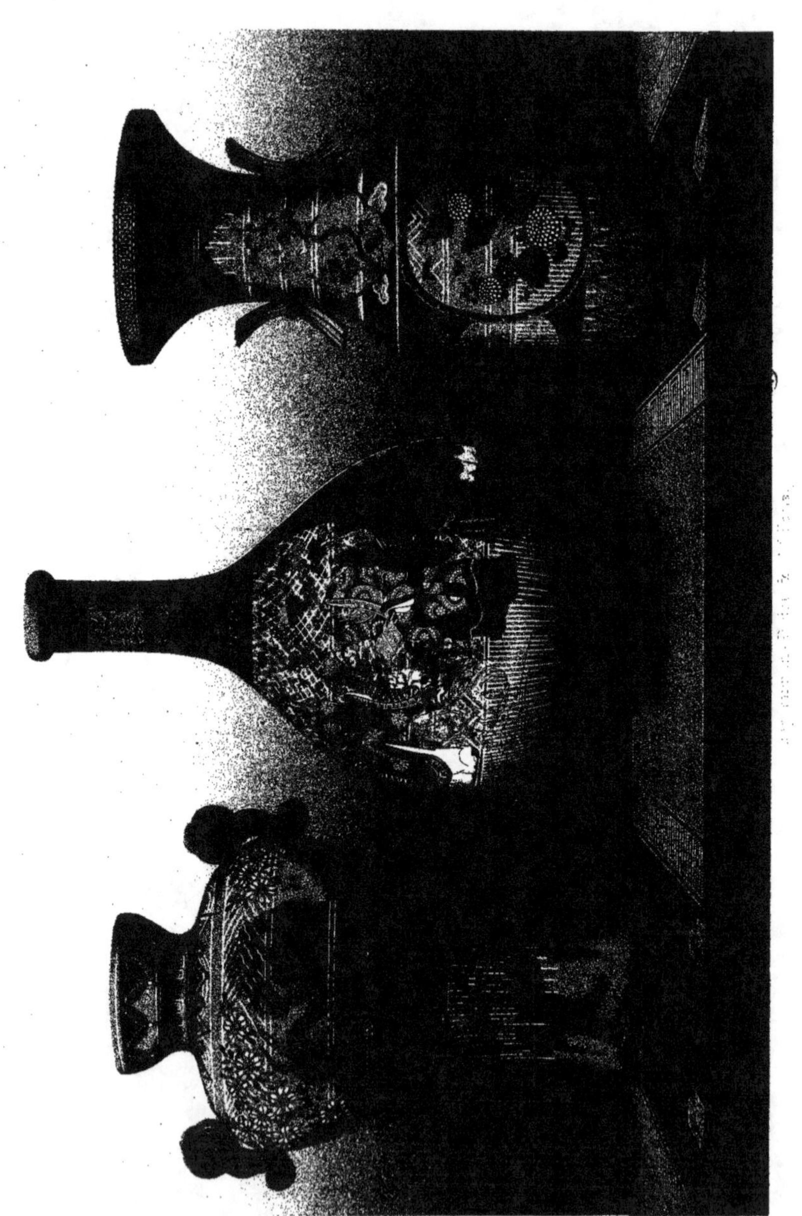

# FABRIQUE DE KAGA.

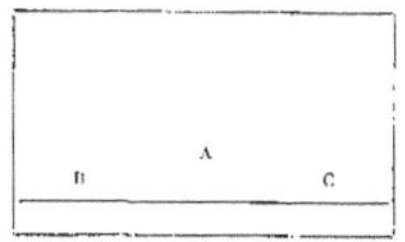

A — Grande bouteille de Kaga, d'un pâte brune, rayée de lignes blanches et couverte d'un épais et brillant vernis, craquelé. Le décor est, pour la plus grande partie, exécuté en émaux de couleurs translucides, qui laissent voir les rayures du fond au travers ; toutefois les émaux rouges, noirs, blancs et bleu foncé sont opaques. Les motifs géométriques sont bien choisis et disposés avec beaucoup d'art. La panse représente une scène à personnages au milieu d'un jardin.

Hauteur, 0<sup>m</sup>487.

(*Appartient à* M. Joseph Beck.)

B — Vase de Kaga, même façon que le précédent, avec des figures de guerriers, des fleurs et des arabesques, en émaux translucides et opaques de couleur et en or, sobrement appliqué.

Hauteur, 0<sup>m</sup>325.

C — Vase, en pâte brune de Kaga, même façon que ci-dessus, mais traité d'un style plus ferme. Dans le milieu, sur un fond rouge, se détachent des rinceaux verts et quatre médaillons à fleurs superposés. Un décor en flèches d'eau, assez commun sur les porcelaines de Kaga, entoure le pied. Partagé en trois zones, bleue, rouge et verte, et orné de rinceaux et de damassé, le col présente de chaque côté un médaillon lancéolé avec des oiseaux et des fleurs. L'embouchure est bordée, au-dessus d'une simple frange, d'un treillis en lignes d'or, peint sur une grecque.

Hauteur, 0<sup>m</sup>356.

(*Musée de* South-Kensington, à Londres.)

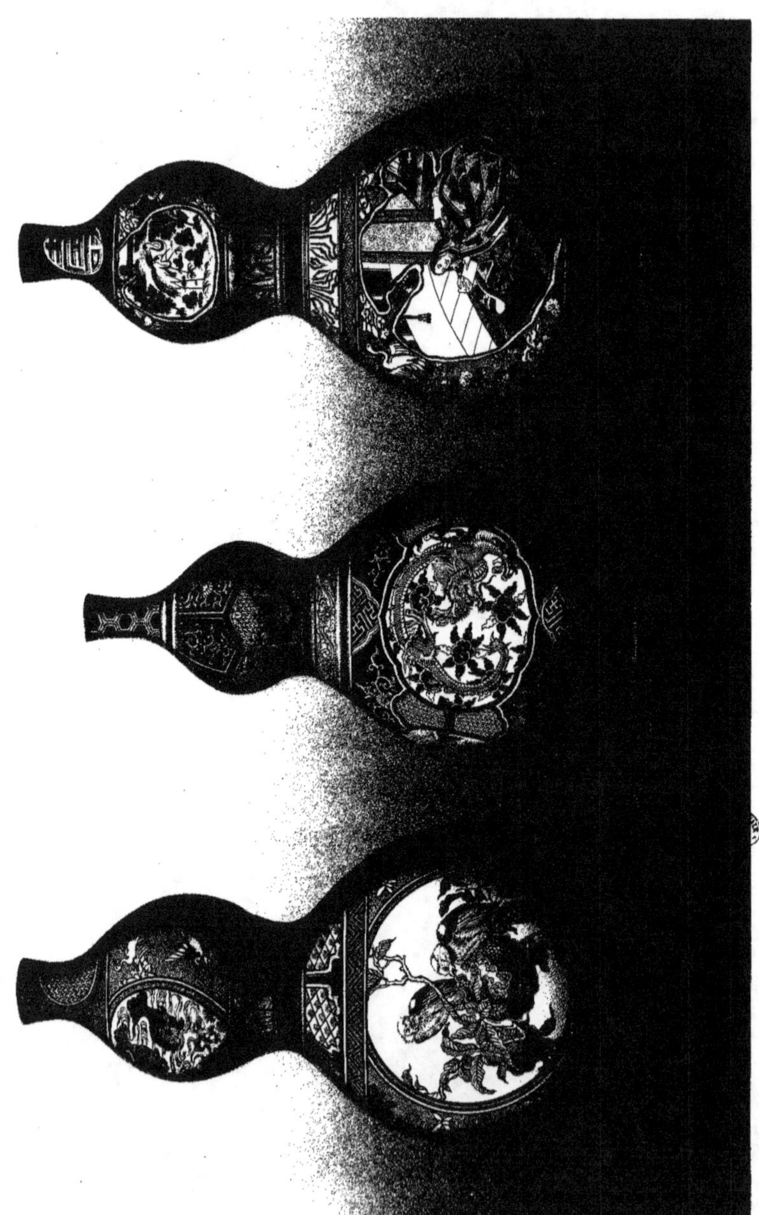

# PORCELAINE DE KAGA.

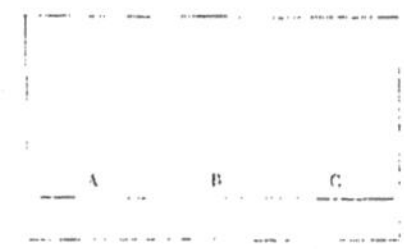

A — Bouteille double en forme de gourde, en belle porcelaine polychrome, portant des zones d'ornements variés et des médaillons à sujets variés. Les grands médaillons du bas, au nombre de trois, représentent un groupe de chevaux, un dragon qui sort des nuages, et des oiseaux perchés sur un grenadier (c'est ce dernier qui est en vue). Dans les deux médaillons du haut, il y a des fleurs d'un côté, des poissons de l'autre. Le fond, d'une teinte brunie, se compose de rinceaux d'or et de semés d'oiseaux, d'insectes et de fleurs.

Hauteur, 0<sup>m</sup> 387.

(*Appartient* à M. Holbrook Gaskell.)

B — Bouteille double en forme de gourde, en belle porcelaine polychrome. Au point de vue du galbe et du décor cette pièce est remarquablement belle, bien qu'elle ait moins de style et de grâce que celles qui l'accompagnent sur la planche. Le ton qui domine est le rouge; on a usé sobrement du vert, du noir et du jaune. La grosse panse a reçu quatre médaillons, reliés entre eux par des réserves de mosaïque, d'où se détachent en haut et en bas de gracieuses arabesques en or; les sujets représentés sont un dragon à trois griffes, un *ho-ho* et deux paysages. Les motifs de fantaisie qui décorent cette belle pièce sont d'un goût pur et bien appropriés.

Hauteur, 0<sup>m</sup> 312.

*Appartient* à M. Enoch Harvey.)

C — Bouteille double en forme de gourde, en belle porcelaine polychrome, assez semblable pour le genre de décor à la première (A). Ce qu'elle offre de plus remarquable, c'est l'espacement irrégulier des médaillons; l'artiste a eu probablement l'intention de reproduire ainsi les inégalités de la bouteille et il y a adapté des dispositions inaccoutumées afin d'écarter toute idée d'harmonie sévère et géométrique. Les trois médaillons d'en bas contiennent des sujets à figures et ceux d'en haut des oiseaux, des fleurs et le lion fantastique du Japon.

Hauteur, 0<sup>m</sup> 387.

(*Appartient* à M. G.-E. Schultz.)

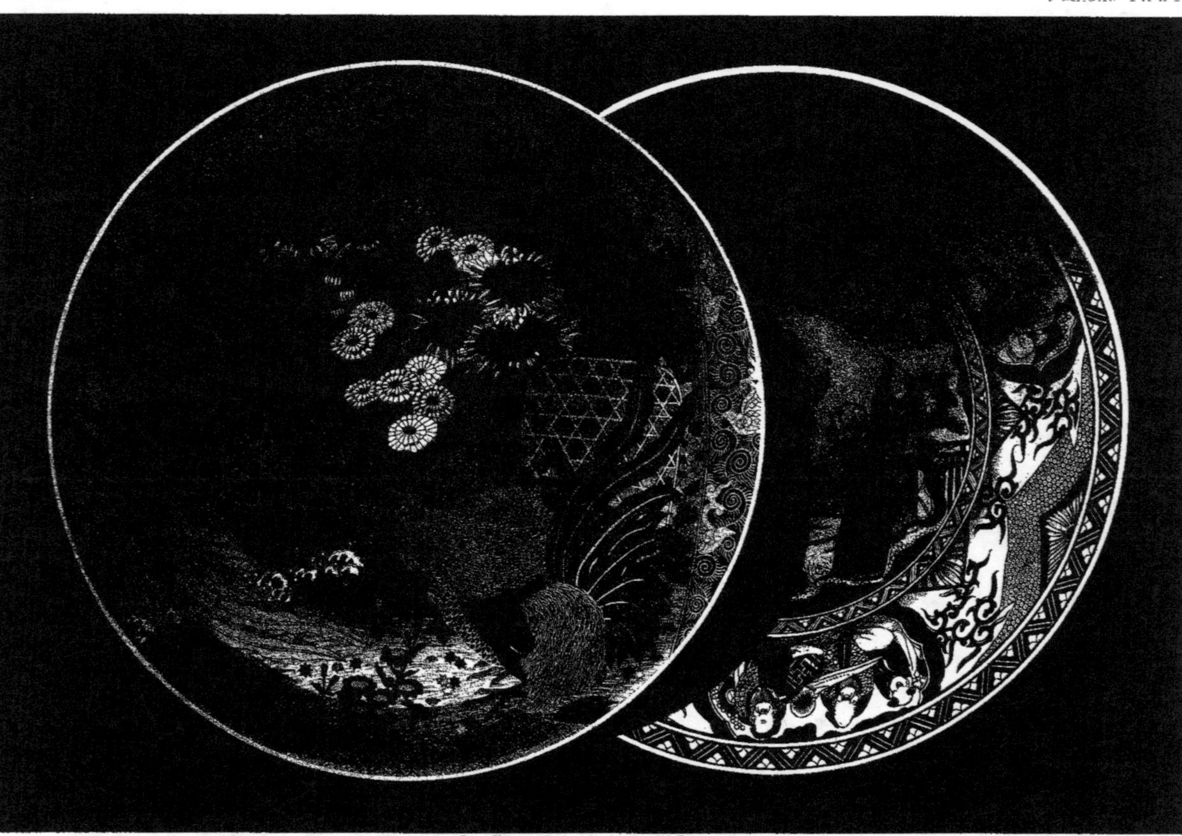

Imp Firmin-Didot fr fils & Cⁱᵉ Paris.

L. Ducorg. lith.

# PORCELAINE DE KAGA.

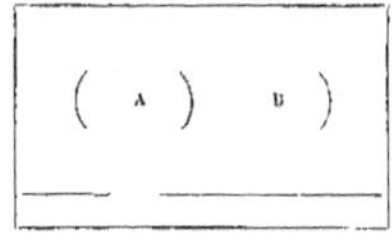

A — Grand plat de Kaga, dernière époque de la porcelaine polychrome.

Depuis l'Exposition universelle de Vienne en 1873, de nombreux échantillons d'une porcelaine admirablement travaillée, ayant la marque de Koutani, ont passé entre les mains des collectionneurs; ils diffèrent, par quelques côtés, de ce qu'on croyait dans le principe être le style ordinaire des artistes de Kaga. Nous avons choisi pour exemple un plat qui, à notre avis, est un modèle parfait du genre. Sous le rapport du dessin et des combinaisons décoratives, il est purement japonais, et même il caractérise mieux l'art national que la plupart des œuvres rouge et or. Les émaux de couleur employés sont de nuance vive et étendus par couches épaisses, de façon à imprimer un relief accusé à l'ornementation; c'est, en particulier, le cas pour l'émail blanc, dont les reliefs vigoureux ont été habilement indiqués.

La pâte, de teinte brune, a l'apparence d'une poterie de grès; elle est enduite d'un vernis mince et brillant, sur lequel on a posé les couleurs. Le décor —- un médaillon irrégulier encadrant un combat de coqs dans un massif de fleurs — est traité avec l'abandon et l'indépendance d'un véritable artiste japonais.

Diamètre, 0$^m$400.

B — Grand plat, vieille porcelaine de Kaga, assez mal façonné et décoré uniformément, en rouge sombre, de figures archaïques et d'ornements de fantaisie. C'est un morceau intéressant, en même temps qu'un échantillon bien conservé de la fabrique de Kaga et de la plus ancienne que nous ayons rencontrée. Il appartient évidemment à une période bien antérieure à l'introduction de la dorure sur poterie, et même au degré d'excellence qui marque l'apogée des ateliers de Koutani. Les données que nous avons sur l'histoire de la céramique au Japon sont trop peu certaines pour nous permettre de fixer une date à une pièce de ce genre; mais, si les apparences comptent pour quelque chose, elle doit remonter à plusieurs siècles.

Diamètre, 0$^m$425.

(*Collection de* M. James-L. Bowes.)

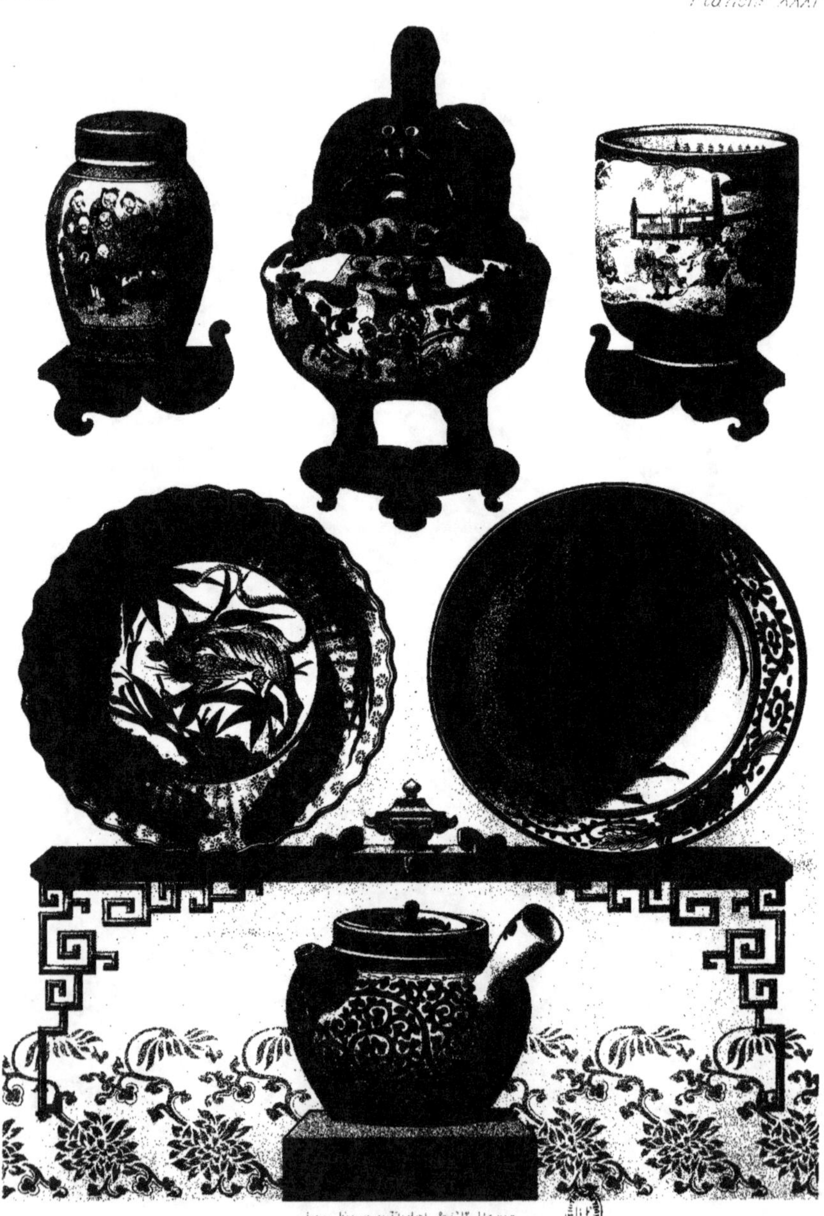

Imp. Firmin Didot & Cie. Paris
Durin, lith.

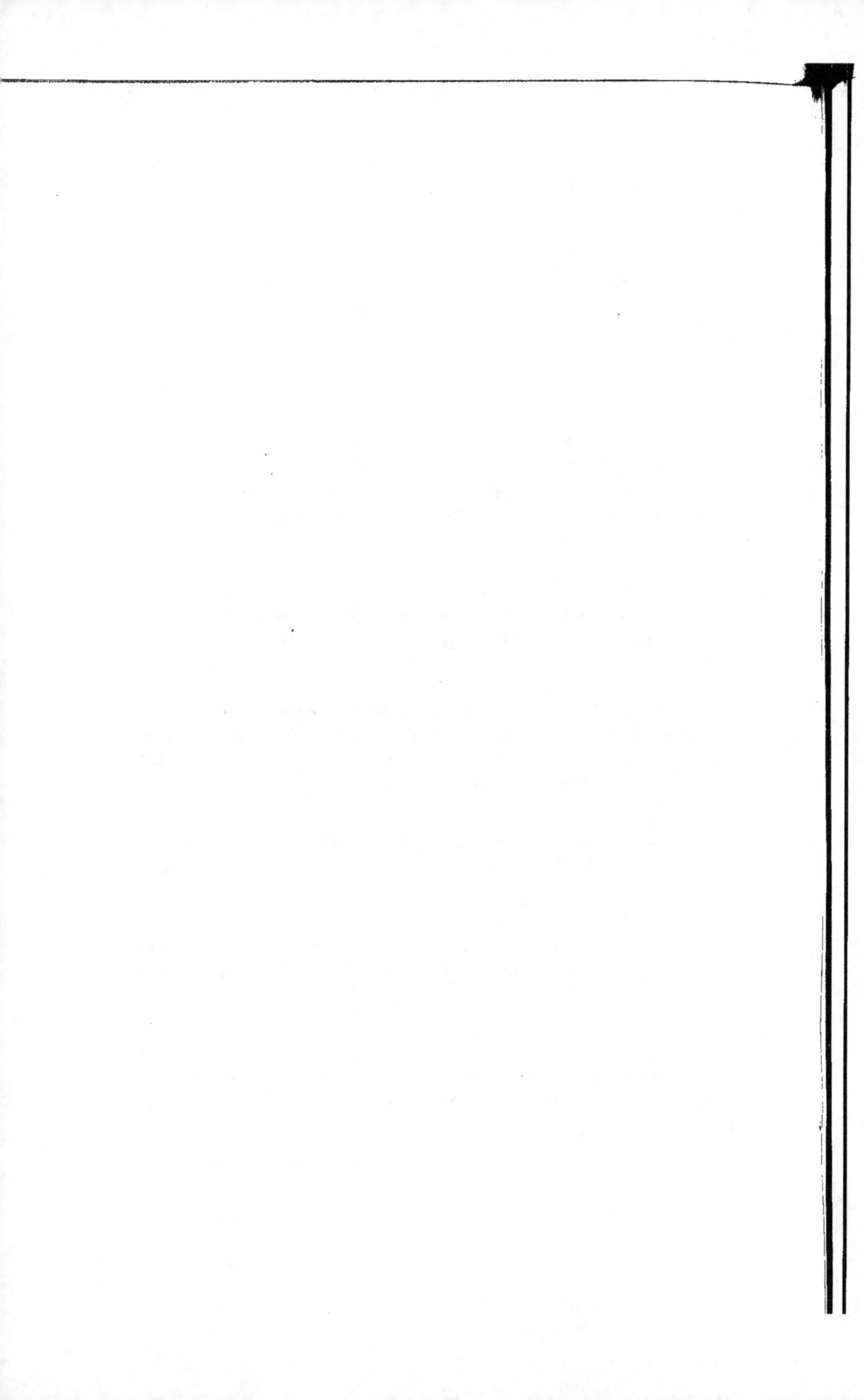

# FABRIQUE DE KAGA.

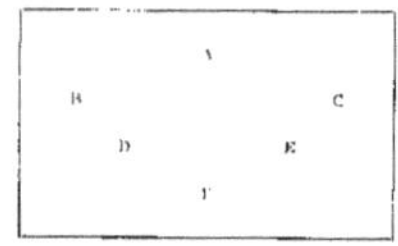

A — Brûle-parfums, en vieux Kaga rare, bizarrement modelé en forme de lion japonais. La tête, qui sert de couvercle, est percée d'ouvertures, pour faciliter l'issue des parfums. La décoration de la panse est exécutée en émaux d'un ton tranquille, et les détails se rapprochent beaucoup des compositions chinoises. Cette pièce porte la marque de *Koutani*.

Hauteur, 0<sup>m</sup>194.

(*Collection de* M. James-L. Bowes.)

B — Bocal à couvercle, fine qualité. Le décor rouge sombre, riche et minutieux, est à médaillons en diverses couleurs. Marque : *Fait par Iwazô, à Koutani.*

Hauteur, 0<sup>m</sup>100.

(*Appartient à* M. Joseph Beck.)

C — Petite coupe, fine qualité. Le décor en est minutieux et soigné : au dehors, le fond, d'un rouge intense et parsemé d'arabesques d'or, présente dans un compartiment irrégulier une scène de la vie domestique ; le dedans est couvert de strophes poétiques en fins caractères. Marque : *Fait par Séikan à Koutani.*

Hauteur, 0<sup>m</sup>072.

D — Assiette, en vieux Kaga, bizarrement ornée à l'imitation des Chinois. C'est une variété qui semble antérieure au style rouge et or des provenances de Kaga. Marque : *Fou-kou*, richesse.

Diamètre, 0<sup>m</sup>212.

E — Tasse, d'un travail semblable à l'assiette précédente dans ses traits essentiels. Le fond grisâtre représente les ébats d'un lion fabuleux avec un emblème mystique. Marque : *Koutani*.

Diamètre, 0<sup>m</sup>188.

Hauteur, 0<sup>m</sup>167.

F — Petite théière, en très-belle qualité ancienne ; elle est décorée d'enroulements en émail bleu, dont le dessin est strictement chinois, ainsi que la disposition et le détail.

Hauteur, 0<sup>m</sup>085.

(*Collection de* M. James-L. Bowes.)

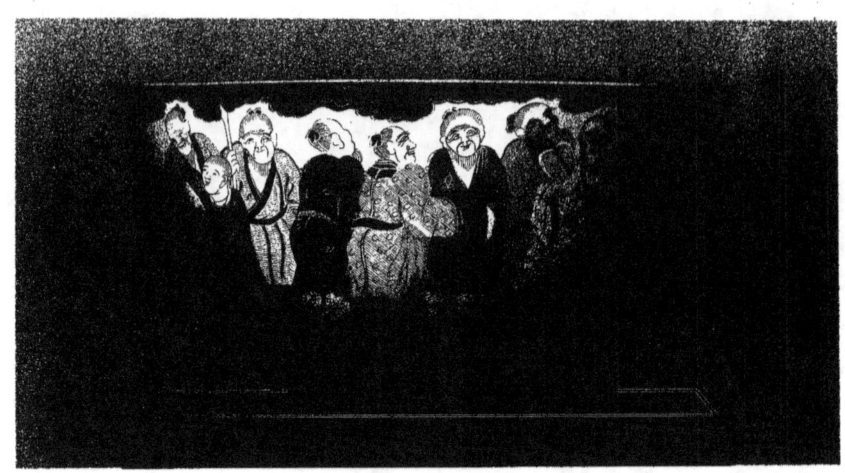

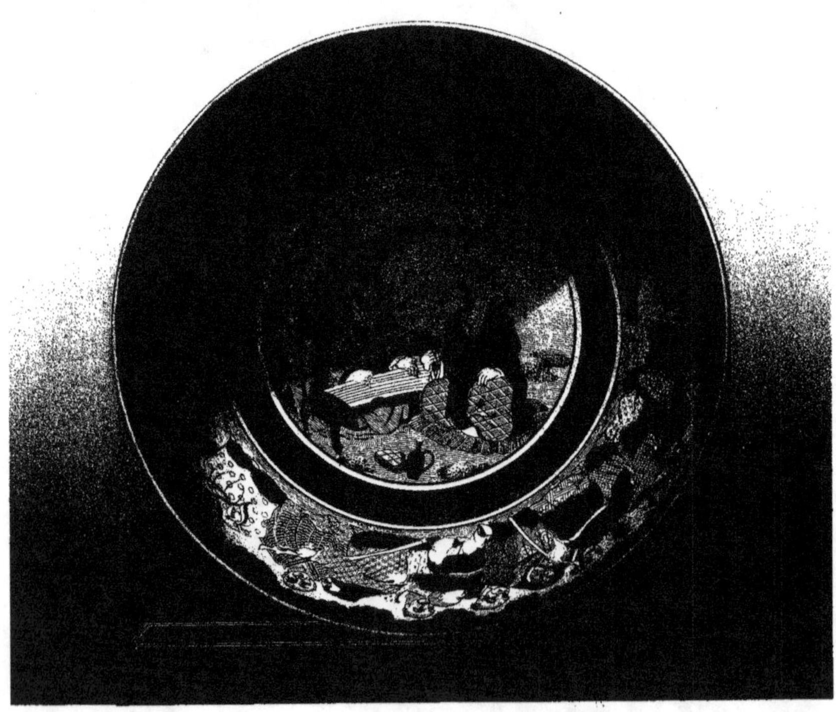

# FABRIQUE DE KAGA.

Le bol que notre planche reproduit sous ses deux faces est un des plus intéressants spécimens à figures qui soit venu à notre connaissance en Angleterre. C'est l'unique pièce de ce genre que nous ayons vue avec des files de personnages en dedans et en dehors ; car celle de la planche XXVII n'en présente qu'à l'intérieur. Citons aussi, dans la collection Bowes, un splendide bol, orné de figures en dehors et de trois larges médaillons également à figures en dedans.

D'une pâte fine et dure, sous une mince couverte, ce bol est peint en rouge brique et or. A l'extérieur, il est divisé en trois zones, en outre du support sur lequel se profile une simple grecque, or sur fond rouge. La première, ou celle du bas, consiste en un dessin de fantaisie rayé d'or ; la seconde, qui occupe le centre, contient une vingtaine de gens âgés, habillés de façons différentes ; et la troisième, étroite et irrégulière, est composée d'un ciel de nuages, qui forment une sorte d'auréole aux personnes représentées. La même bordure se répète à l'intérieur au-dessus des trente vieillards qui reproduisent à peu près les types précédents. Enfin, au fond du bol, un médaillon circulaire offre une scène de la vie domestique : deux personnages sont assis dans un jardin, l'un joue du *koto* à l'ombre d'un palmier et l'autre déguste une tasse de *saki* ou de quelque agréable liqueur, non sans un plaisir manifeste, ainsi qu'on le voit au mouvement de ses lèvres.

Ce rare morceau a figuré en 1867 à l'Exposition universelle de Paris dans la section japonaise.

Diamètre, 0^m225.

Hauteur, 0^m113.

(*Appartient* à M. John-Grant Morris.

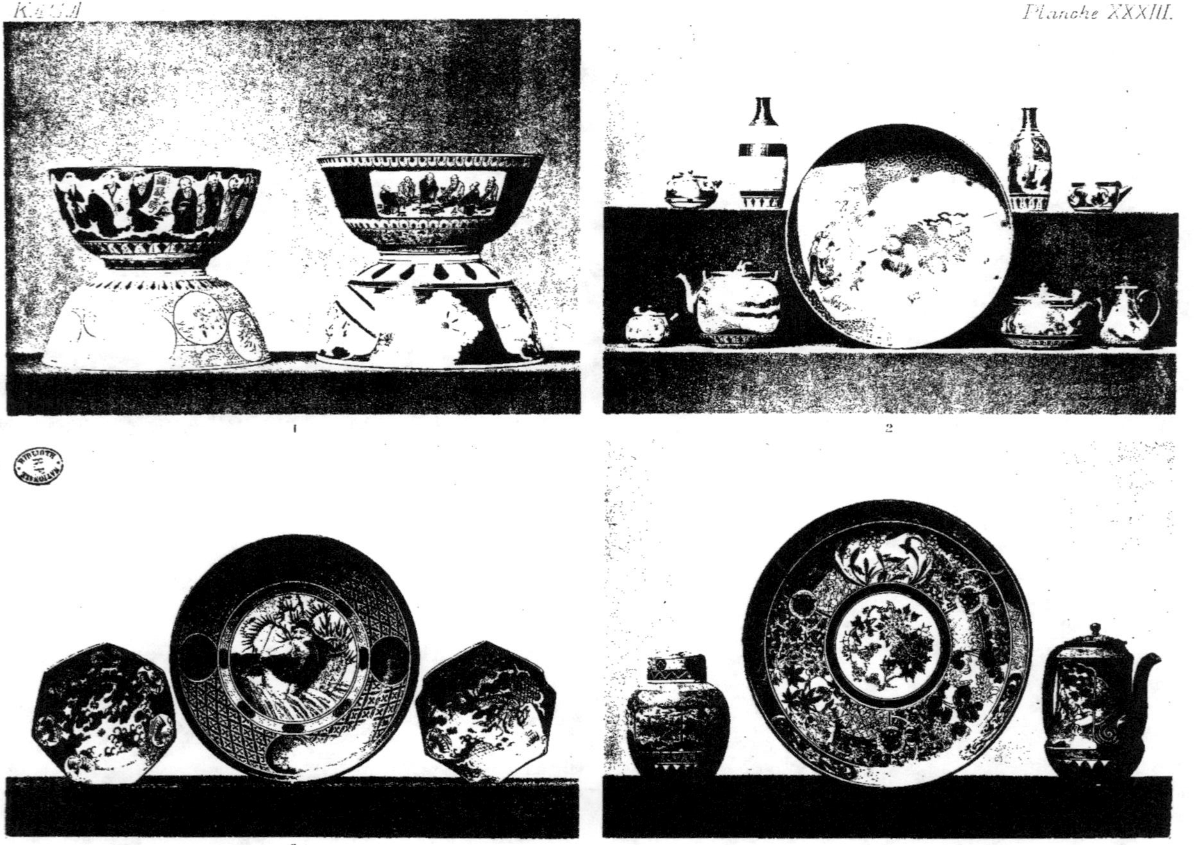

Planche XXXIII.
1
2
3
4

# FABRIQUE DE KAGA.

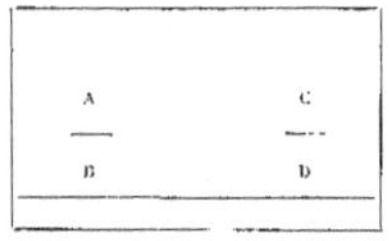

1<sup>er</sup> *Compartiment.* A — Bol, en porcelaine de Kaga, richement décoré en rouge et or. A l'extérieur il est entouré d'une série de personnages, ce dont il y a de rares exemples.

Diamètre, o<sup>m</sup>275.

B — Bol, en porcelaine polychrome, portant en dedans et en dehors des médaillons circulaires avec des fleurs, du feuillage et des oiseaux, et un fond composé de trois bandes à ornements légers.

Diamètre, o<sup>m</sup>300.

*(Collection de M. James-L. Bowes.)*

C — Bol, en porcelaine de Kaga, magnifiquement décoré en rouge plein et or. A l'extérieur, et sur un large fond rouge, plaqué de rinceaux d'or, il y a des panneaux oblongs avec des sujets à figures. Le bord et le pied sont ornés avec goût de motifs de convention.

Diamètre, o<sup>m</sup>300.

*(Appartient à M. Holbrook Gaskell.)*

D — Bol, en porcelaine de Kaga, peint en rouge brun, relevé de hachures et d'enroulements dorés.

Diamètre, o<sup>m</sup>300.

*(Appartient à M. R.-W. Edis.)*

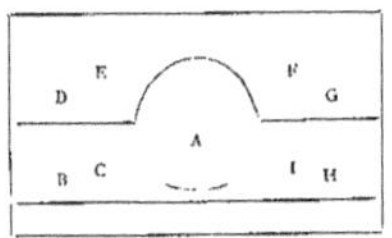

2<sup>e</sup> *Compartiment.* A — Plat de Kaga, pâte brune, couverte d'un brillant vernis, craquelé. Décoré en rouge et or, avec des scènes à figures.

Diamètre, o<sup>m</sup>350.

B — Petite théière, rouge et or.

C — Théière polychrome, avec scènes à figures sur larges médaillons.

Hauteur, o<sup>m</sup>137.

D — Petite théière polychrome, d'une peinture délicate.

E et F — Flacons à saki, rouge et or.

Hauteur, o<sup>m</sup>187 et o<sup>m</sup>175.

G — Petite théière, porcelaine fine, rouge foncé et or.

H — Petite théière, porcelaine fine, richement peinte de chevaux et autres objets, en rouge brun, haché d'or.

Hauteur, 0<sup>m</sup>112.

(*Collection de* M. James-L. Bowes.)

I — Théière de Kaga, décorée avec soin de médaillons superposés, qui contiennent différents motifs, et d'ornements de fantaisie, en rouge et or.

Hauteur, 0<sup>m</sup>325.

(*Appartient à* M. R.-Phené Spiers.)

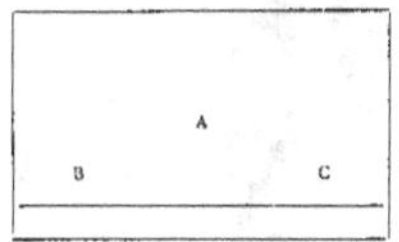

3<sup>e</sup> *Compartiment.* A — Grand plat de Kaga, rouge sombre et or. Le médaillon du milieu représente Yébis, le dieu des pêcheurs au Japon. Le large bord est couvert de damassé, avec quatre réserves en or.

Diamètre, 0<sup>m</sup>325.

(*Appartient à* M. R.-W. Edis.)

B et C — Assiettes à six pans, richement décorées de dragons, de médaillons et de motifs conventionnels, en rouge foncé et or.

Diamètre, 0<sup>m</sup>187.

(*Appartiennent au* major J. Walter.)

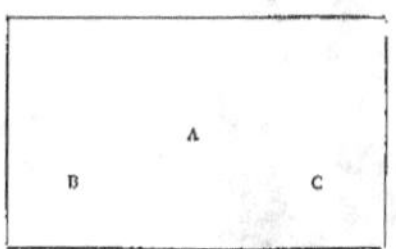

4<sup>e</sup> *Compartiment.* A — Plat, en belle porcelaine polychrome de Kaga, avec un magnifique décor de fleurs, de rinceaux et de damassé, en brillantes couleurs et or.

Diamètre, 0<sup>m</sup>300.

(*Appartient à* M. Joseph Bech.)

B — Fontaine à thé couverte, en belle porcelaine polychrome, soigneusement décorée de panneaux à paysages et de motifs de convention.

Hauteur, 0<sup>m</sup>150.

(*Appartient au* major J. Walter.)

C — Cafetière, en beau Kaga, richement peinte en rouge sombre et or.

Hauteur, 0<sup>m</sup>175.

(*Collection de* M. James-L. Bowes.)

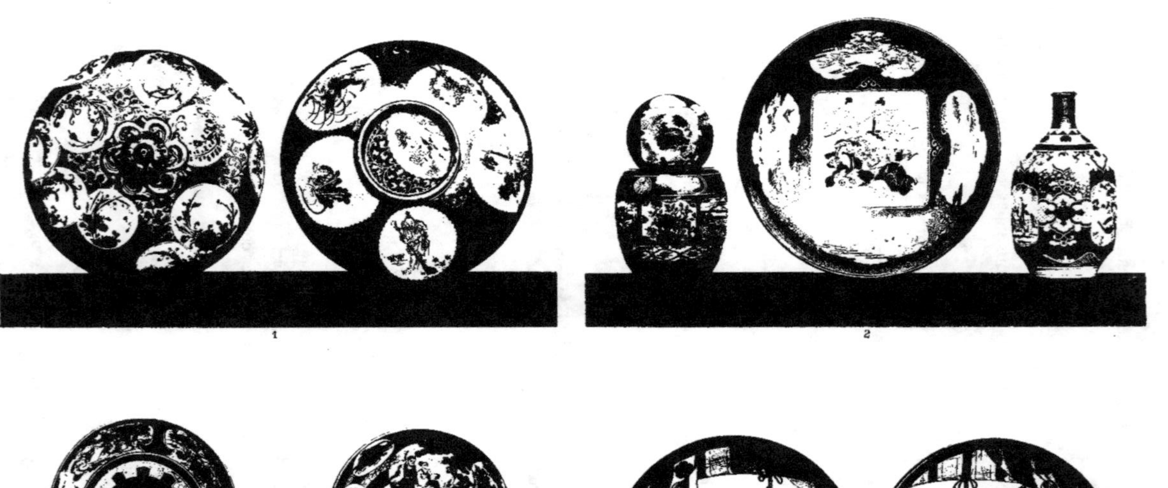

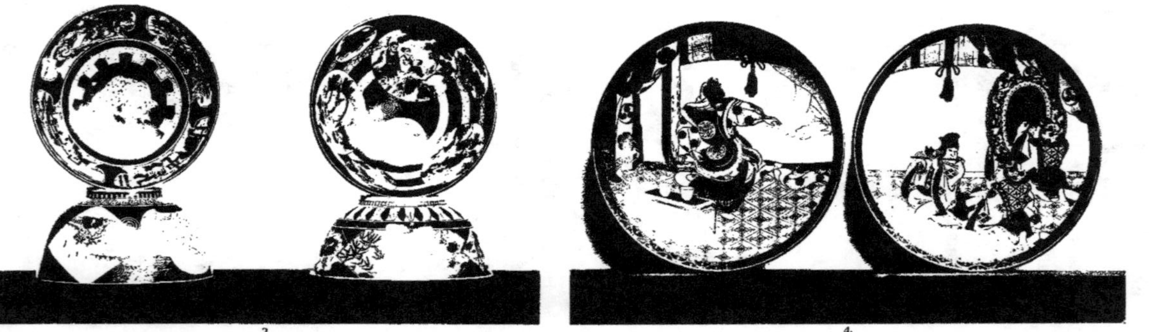

# PORCELAINE DE KAGA.

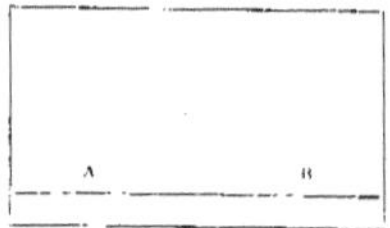

1<sup>er</sup> *Compartiment.* A — Cloche d'un plat à riz, de la plus belle époque rouge moyenne. Le dessus présente, sur un fond d'or rehaussé d'arabesques rouges, des médaillons de fleurs rouge et or, jetés sans ordre; le dedans, une scène à personnages, en brillantes couleurs émaillées. Le plat est décoré de la même manière.

Diamètre, 0<sup>m</sup>225.

B — Cloche d'un plat à riz, de l'époque moyenne polychrome de Kaga. Sur fond rouge, brodé de rinceaux d'or, des médaillons irrégulièrement placés contiennent des figures comiques, des fleurs, des oiseaux, etc., peints sur fond blanc; un personnage grotesque est représenté à l'intérieur. Même décoration pour le plat.

Diamètre, 0<sup>m</sup>256.

(*Collection de* M. James L. Bowes.)

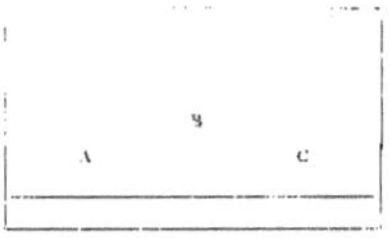

2<sup>e</sup> *Compartiment.* A — Pot à couvercle, en pâte tendre, soigneusement décoré en rouge foncé et or. Panneaux à paysages, fleurs et oiseaux, avec des encadrements en mosaïque. Sur le couvercle, laqué çà et là de brillantes plaques vert et noir, on voit au centre un bouquet de fleurs de *ki-kou*, rouge et or. L'anse a la forme d'une pomme de pin.

Hauteur, 0<sup>m</sup>187.

B — Plat en pâte tendre. Le cadre du milieu représente une poétesse entourée de prêtres et de *kougis :* sujet en couleur, bordé de rouge et rehaussé de festons d'or, accompagné de quatre petits paysages. Le bord du plat porte en dessous quinze cartouches remplis d'oiseaux, d'animaux, de fleurs et d'arbres, sur un fond rouge moiré.

Diamètre, 0<sup>m</sup>375.

(*Collection de* M. James L. Bowes.)

C — Bouteille en pâte tendre, rouge et or. Dessins de fantaisie, à l'exception des réserves où l'on a mis des paysages et des figures.

Hauteur, o"' 262.

*(Appartient à M. Ernest Beck.)*

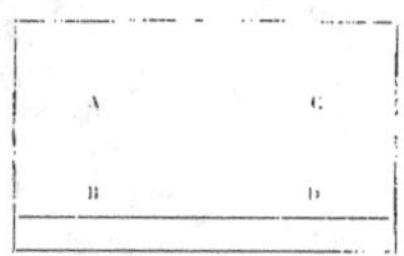

3ᵉ *Compartiment.* A — Bol en pâte tendre, or et rouge foncé. A l'intérieur, scènes, paysages et fleurs, avec le lion japonais au fond ; à l'extérieur, quatre médaillons à figures. Diamètre, o"' 225.

B — Bol en pâte tendre, rouge et or. Médaillons irréguliers à paysages.

Diamètre, o"' 218.

C — Bol en pâte dure. Le dedans est magnifiquement décoré de bandes rouge et or, blanc et rouge, sur lesquelles sont parsemés des médaillons ronds et inégaux, portant des figures, des fleurs et des animaux ; le dehors offre aussi des médaillons à fleurs et à figures, et des zones d'une fine mosaïque, sur un fond rouge vif et or.

Diamètre, o"' 225.

D — Bol en pâte dure, avec fleurs et figures rouge et or.

Diamètre, o"' 225.

*(Collection de M. James L. Bowes.)*

4ᵉ *Compartiment.* — Couple de plats, de la plus belle époque moyenne, pâte tendre, rouge et or, hardiment craquelée. Le décor, travaillé avec un soin minutieux, reproduit une cérémonie ou une danse religieuse ; un délicat pointillé rouge sert à rendre les nuages.

Diamètre, o"' 350.

*(Appartient à M. Ernest Beck.)*

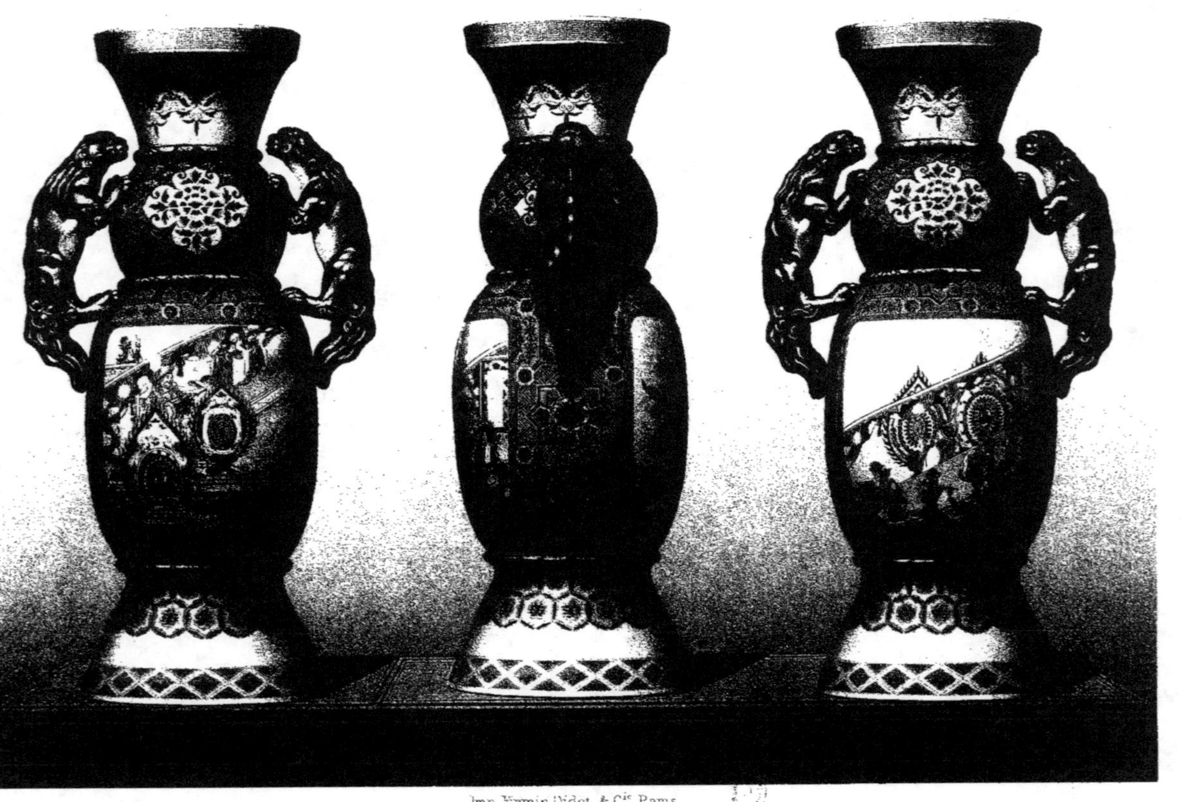

Imp. Firmin-Didot & Cie, Paris.

Baver. lith.

# FABRIQUE DE KIOTO.

Paire de vases, en belle faïence moderne de Kioto. Outre la vue de face pour chacun d'eux, notre planche en reproduit au milieu une vue de côté.

Ces magnifiques pièces ont reçu un décor minutieux, en couleurs brillantes et richement doré ; la façon, qui en est irréprochable, prouve clairement que le merveilleux talent des artisans d'autrefois n'a point décliné dans le temps présent.

Sur les grands médaillons que porte la panse des vases on a retracé de somptueux cortèges de théâtre, et les quarte-feuilles du col sont rehaussées d'un semé de pivoines. Le reste de la surface est couvert de bandes géométriques et d'arabesques. Des lions figurent en guise d'anses, tout plaqués d'or sur la teinte crémeuse de la pâte.

Hauteur, 0$^m$385.

*(Appartient au* major J. WALTER.)

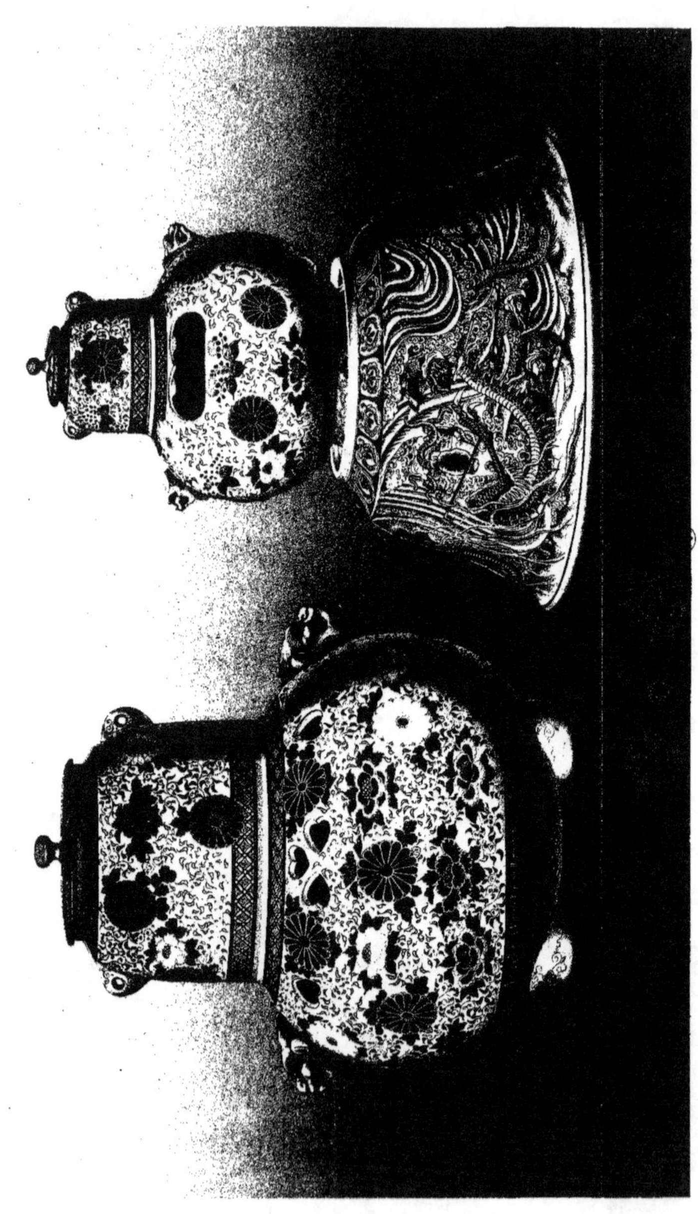

# FABRIQUE DE KIOTO.

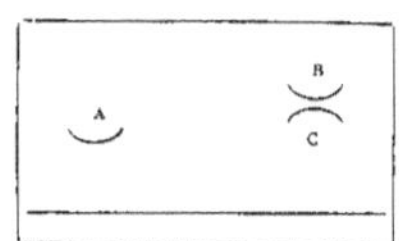

A — Grand *hibatchi* (cassolette), en faïence moderne, fabriqué par Taï-zan (d'Awata). La pâte en est d'une chaude couleur crémeuse, belle qualité, et sous couverte d'un vernis craquelé. Cette importante pièce est ornée, dans un genre assez commun, d'un semé de *kikous*, en plusieurs couleurs et or, de fleurs et de feuilles, sur un fond d'enroulements délicats, dont l'exécution ressemble quelque peu à celle des anciens émaux cloisonnés du Japon.

Hauteur, $0^m350$.

B — Petit *hibatchi*, de semblable provenance. La décoration générale en est aussi la même, sauf l'addition du *kiri*, de sorte qu'elle réunit les deux armoiries impériales.

Hauteur, $0^m206$.

C — Bol, de la fabrique d'Awata, ayant figuré en 1873 à l'Exposition de Vienne. Il est d'une fine faïence à teinte crémeuse, sous couverte d'un brillant vernis craquelé.

Le décor de cette pièce a beaucoup d'intérêt en ce qu'il prouve le talent des artistes indigènes pour la caricature; mais en indiquer le sujet n'est pas chose facile. Il paraît représenter un combat entre le dragon de l'abîme, les poissons et autres habitants de la mer, parmi lesquels se distingue la terrible pieuvre, brandissant une sorte de harpon entre ses souples tentacules. Tous les poissons sont revêtus de riches habits et portent des lances ou d'autres armes, et l'artiste a prêté à chacun d'eux une physionomie caractéristique. Il est regrettable que la forme de l'objet n'ait permis de montrer qu'une face de cette composition originale. La peinture entière, exécutée avec soin, est d'un coloris puissant et harmonieux.

Diamètre, $0^m312$.

(*Collection de* M. JAMES-L. BOWES.)

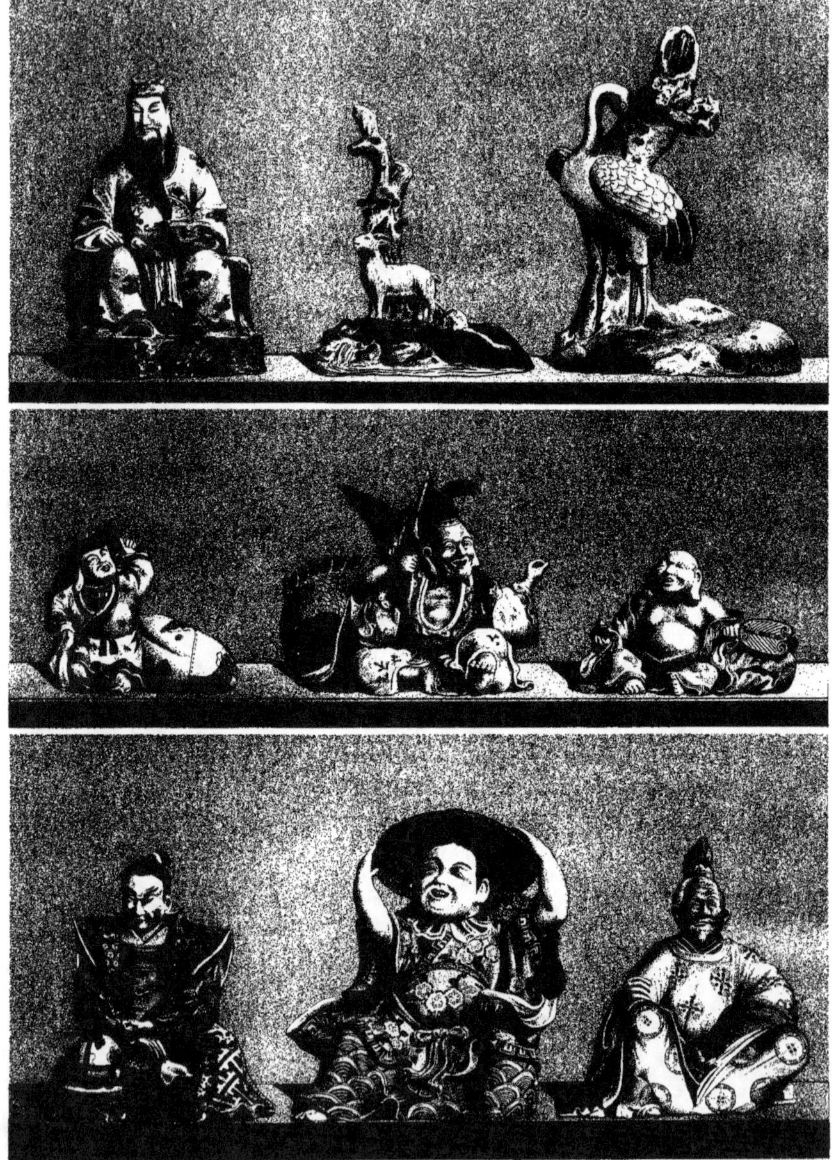

# FABRIQUE DE KIOTO.

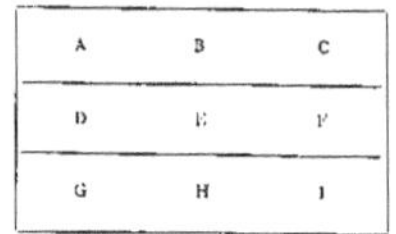

A — Figurine assise, en faïence de nuance claire, couverte d'un mince vernis craquelé et décorée en or et émaux d'un ton tranquille. Elle représente *Kan-wou,* vaillant guerrier et patriote, qui se signala, dit-on, en combattant pour le rétablissement de la dynastie chinoise des Han. On le reconnaît dans les œuvres d'art à la longueur excessive de sa barbe, qui dépassait quatre palmes.

Hauteur, 0<sup>m</sup>275.

B — Chèvre debout contre un tronc d'arbre, en fine faïence de Kioto. Cette statuette a tout l'air d'avoir été copiée sur un modèle européen, hollandais probablement. La chèvre n'est pas indigène au Japon; mais nous savons, sur l'autorité de Kæmpfer, que les Portugais entretenaient des moutons et des chèvres dans leur factorerie de Firando.

Hauteur, 0<sup>m</sup>275.

C — Grue, près d'un arbre qui paraît être le *moumi* rose, modelés l'un et l'autre en faïence à teinte claire, habilement coloriés en émaux d'un ton doux et striés d'or. Nous avons dit ci-dessus que la statuette de la chèvre porte des traces d'imitation européenne; il pourrait n'en rien être cependant, car le dessin de la grue, quoique purement japonais, ressemble pour le rendu à celui de la chèvre dans ses parties essentielles. Les dates d'origine de ces deux pièces sont douteuses; mais il est probable que leur moulage en faïence et en porcelaine eut lieu au Japon et fut ensuite imité par les potiers de l'Europe, qui inondèrent le marché de copies insignifiantes, dont beaucoup se retrouvent chez les collectionneurs.

Hauteur, 0<sup>m</sup>325.

D — *Daïko-kou,* génie familier de la Richesse, statuette en faïence fine, décorée avec goût de bordures et de pointillé sur ses vêtements, ainsi que de symboles religieux sur le sac aux écus placé près de lui.

Hauteur, 0<sup>m</sup>125.

(Collection de M. James-L. Bowes.)

E — *Yébis,* génie familier de la Table ou de la Bonne Chère, en faïence fine, de teinte crémeuse et à brillants émaux de couleur. Cette figurine, d'un curieux modelé, est exécutée avec beaucoup de verve.

Hauteur 0$^m$168.

(Appartient au major WALTER.)

F — *Hotéi*, génie familier de la Joie ou de la Bonne Humeur. C'est le pendant de Daïkokou, à qui il est absolument identique comme traitement.

Hauteur, 0$^m$112.

G — Statuette d'un astronome, en faïence fine et couverte de brillants émaux et d'or. La richesse des vêtements est un indice probable du rang élevé de ce savant personnage, dont nous ne connaissons pas le nom.

Hauteur, 0$^m$250.

(Collection de M. JAMES-L. BOWES.)

H — Un enfant jouant avec une assiette en laque, qui a la forme d'une coupe à *saki*. Cette statuette, en faïence à teinte crémeuse, est richement peinte et dorée.

Hauteur, 0$^m$237.

(Appartient à M. JOSEPH BECK.)

I — *Hito-maro*, poète fameux, qui florissait, dit-on, il y a treize siècles. C'est une figurine en faïence de belle qualité, aux tons clairs, bien modelée et délicatement ornée de damassures et de pointillé en or et couleurs.

Hauteur, 0$^m$150.

(Appartient à M. FRÉD. ELKINGTON.)

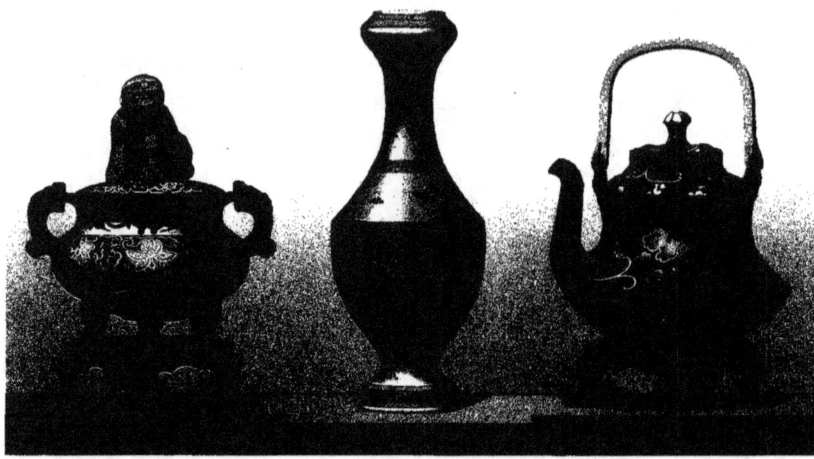

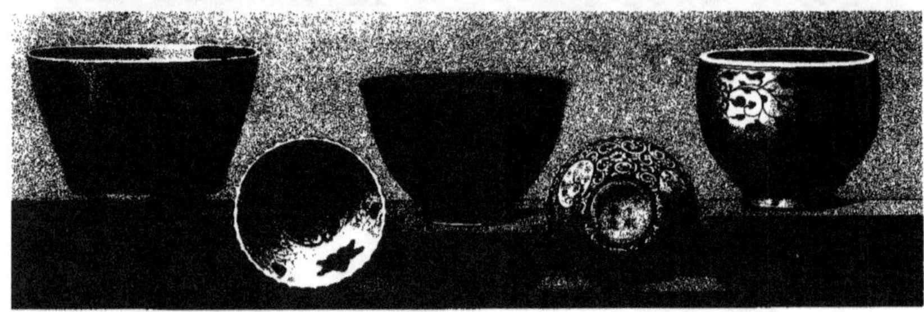

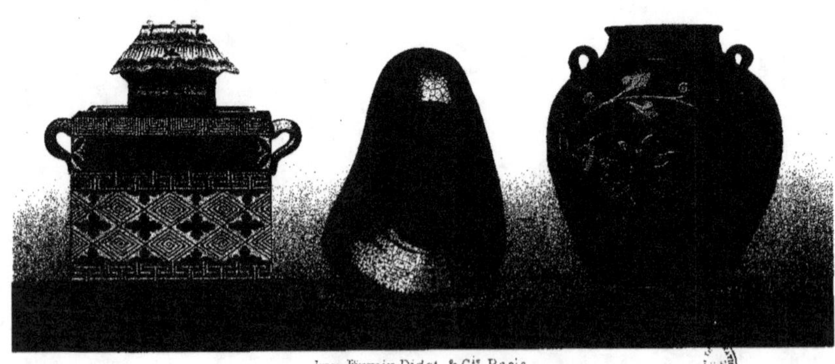

Imp. Firmin-Didot & Cⁱᵉ, Paris.

Lestel, lith.

# FABRIQUE DE KIOTO.

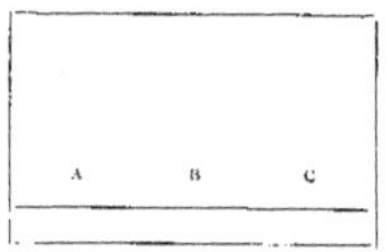

1<sup>er</sup> *Compartiment*. A — Petit *koro*, en faïence de Kioto, fait par Yéirakou. Les ornements en relief sont chinois; les émaux, roses, bruns, rouges et bleus. Le lion japonais jaune et vert, qui surmonte le couvercle, est modelé d'une façon tant soit peu bizarre.
Hauteur, 0<sup>m</sup>212.

B — Vase en faïence, fait par Taïzan, d'une pâte à teinte brun rouge, assez semblable à de la ferraille. Le décor se compose principalement de dessins géométriques et de médaillons à fruits et feuillage, exécutés en or et argent, sans doute en imitation des anciennes ferrures incrustées du Japon. L'effet assez lourd de ce traitement est habilement corrigé par l'introduction des traits blancs sur le col, ainsi que des ornements rouges et verts en haut et en bas.
Hauteur, 0<sup>m</sup>250.

C — Pot à eau, en faïence non vernie, d'une nuance brun sombre. Il sort de l'usine de Kin Kozan. Des enroulements et des fleurs, en émaux rehaussés et en traits de couleur crémeuse, forment la décoration de cette belle pièce, d'un effet délicat et agréable.
Hauteur, 0<sup>m</sup>167.

(*Collection de* M. James-L. Bowes.)

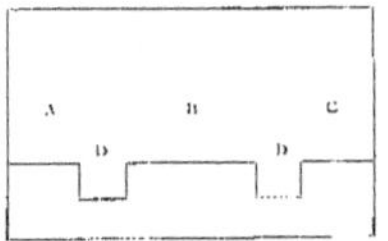

2<sup>e</sup> *Compartiment*. A — Bol à thé, d'une pâte grise, œuvre de Yéirakou. Il supporte des branches de feuilles, en rouge pâle et brun, artistement disposées au dehors et retombant au dedans d'après un procédé familier aux céramistes japonais.
Diamètre, 0<sup>m</sup>132.

(*Collection de* M. James-L. Bowes.)

B — Coupe, en fine porcelaine de Kioto, faite par Yéirakou, couverte de l'émail rouge foncé spécial aux articles de cet industriel, et décoré en or à la chinoise.
Diamètre, 0<sup>m</sup>069.

(*Appartient à* M. E. Beck.)

C — Bol à thé, en faïence claire, faite par Yéirakou, avec des ornements de convention exécutés en noir.

Diamètre, 0<sup>m</sup>100.

DD — Petite coupe, en porcelaine de choix, faite par Yiéirakou. On l'a présentée sous ses deux faces : le dehors est peint, sous vernis, en bleu très-pur et très-vif; le dedans est orné, dans le fond, d'un médaillon de même couleur, et tout autour d'enroulements chinois en rouge et or. Marque en six caractères en or, qui signifient : *Fait par Yéirakou, au Grand Japon*.

Diamètre, 0<sup>m</sup>065.

*(Collection de M. James-L. Bowes.)*

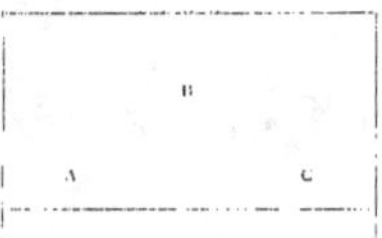

3<sup>e</sup> *Compartiment*. A — *Hibatchi*, en vieille faïence de Kioto, d'une pâte crue à teinte chamois, sous un mince vernis, craquelé. Des dessins diaprés et des grecques en or, bleu et vert, composent le décor. Le couvercle reproduit une chaumière.

Hauteur, 0<sup>m</sup>225.

B — Bol à thé, en vieille poterie de Kioto, partiellement couverte d'un épais vernis opaque, craquelé. C'est un beau spécimen de la variété de bols à formes étranges, variété si chère aux Japonais. Il a été réparé, au bord, en deux endroits, avec une composition dorée.

Longueur, 0<sup>m</sup>172.

C — Pot, en vieille poterie de Kioto, avec des enroulements en relief sur un fond vert sombre. C'est une sorte de poterie qui se rencontre fort rarement au Japon.

Hauteur, 0<sup>m</sup>300.

*(Collection de M. James-L. Bowes.)*

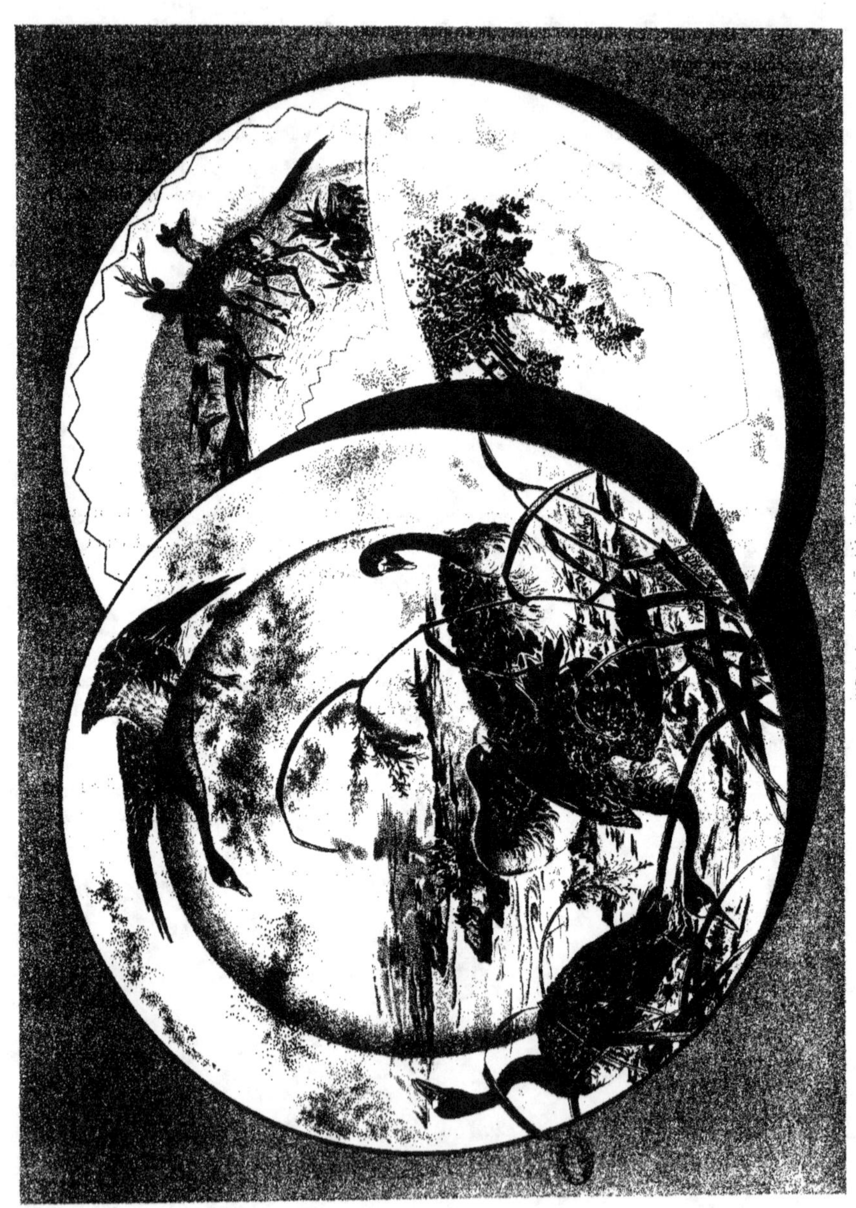

# FABRIQUE DE KIOTO.

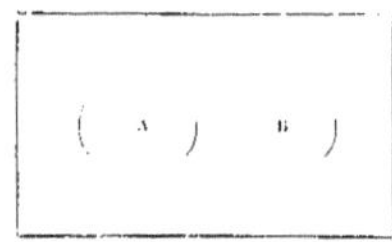

A — Grand plat, en faïence moderne, de la fabrique de Taï-zan, à Kioto. Pâte d'une chaude teinte crémeuse, fine qualité, couverte d'un épais vernis mou, craquelé.

La façon magistrale qui a présidé au décor de cette pièce et sa perfection artistique la placent au premier rang des œuvres les plus remarquables qui soient venues du Japon; elle sert à prouver que les artistes de nos jours n'ont encore rien perdu de leur génie national et qu'ils ne sont pas indignes de ceux qui les ont précédés il y a deux siècles. Une description du sujet nous paraît superflue, car la planche donne une idée parfaite du splendide modèle original. Sous le rapport de la fidélité, de l'arrangement des groupes, de la variété des poses, de l'exécution et du coloris, nous ne connaissons pas de dessin d'oiseaux qui surpasse celui-ci. Cette pièce a été envoyée par la Commission japonaise à l'Exposition internationale de Londres en 1874, d'où elle a passé entre les mains du présent possesseur.

Diamètre, 0<sup>m</sup>625.

B — Grand plat, en faïence, de Taï-zan, semblable au précédent pour la matière et la main-d'œuvre. Le décor cependant s'en écarte sensiblement au point de vue de la composition, marquée au coin du style particulier des artistes japonais. Il comprend trois médaillons, distingués du fond par de simples filets d'or et ornés de motifs différents; celui d'en haut, où deux daims se tiennent près d'une chute d'eau, sort probablement des mains du même peintre à qui l'on doit les oies sauvages du plat voisin; celui d'en bas, conçu d'une façon singulière, représente l'avenue d'un temple avec une rangée de *toris* ou portiques sacrés. Le fond est parsemé d'algues dorées par petits bouquets.

Hauteur, 0<sup>m</sup>450.

(*Collection de* M. James-L. Bowes.)

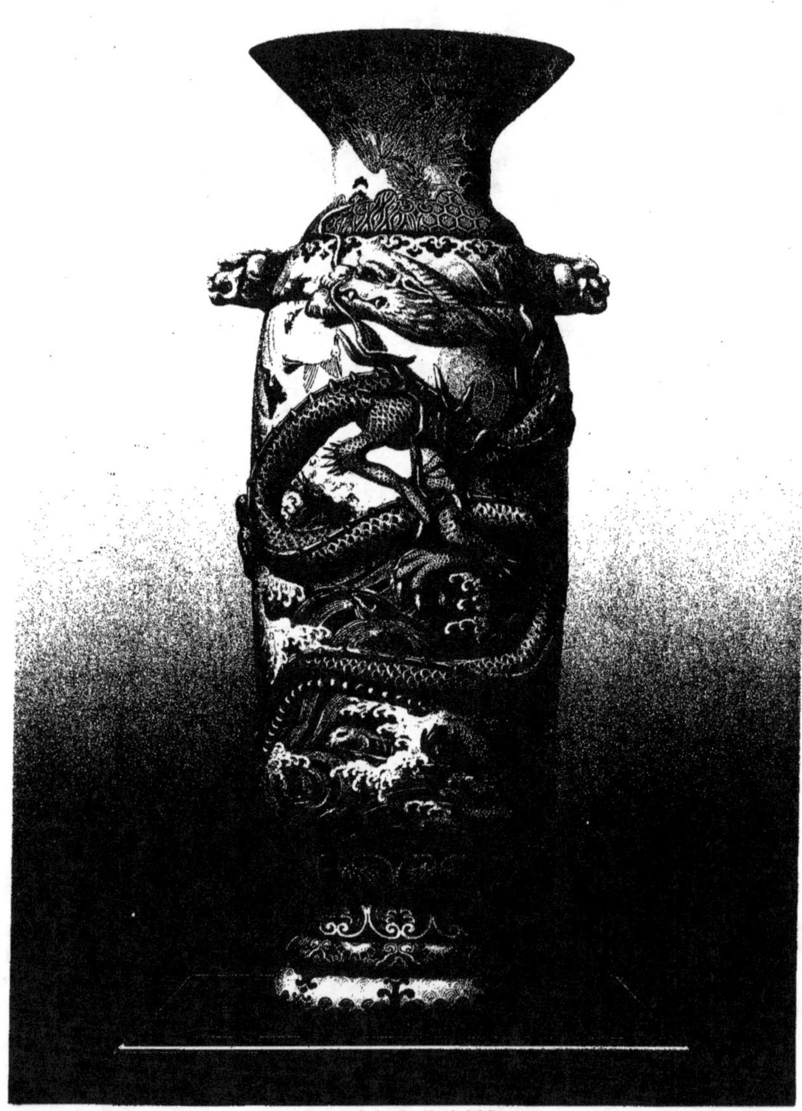

Imp Firmin Didot fr. fils & Cie. Paris

Bauer, lith.

# FABRIQUE DE KIOTO.

Grande potiche, en faïence de Kioto, de la dernière époque, avec des dragons en relief et un décor à teintes plates.

Le pied est couvert d'ouvrage truité et de motifs floraux de fantaisie en émaux d'un riche coloris. Le bas de la panse est consacré à une espèce de marine : on y voit des poissons et d'autres animaux se jouant à travers les vagues dans toutes les directions. Émergeant probablement du fond de la mer, deux énormes dragons à triple griffe serpentent, chacun de son côté, autour du vase; ils sont finement modelés en haut relief, d'une couleur puissante, avec les écailles et autres accessoires attribués à cette bête chimérique. Dans le haut de la panse, au-dessus de l'écume soulevée par les dragons, passe un vol de petits oiseaux. Deux têtes en saillie servent d'anses, et le col, ainsi que l'embouchure, porte des arabesques et des détails de convention.

Mais un trait des plus intéressants, c'est la présence de deux êtres hybrides, représentés en train de fondre sur les dragons et qui ont des corps d'oiseaux, des têtes de dragons et des ailes de chauves-souris. Nulle part nous n'avons rencontré un second exemple d'un assemblage si extraordinaire, et notre embarras est grand de décider s'il faut les ranger parmi les créatures fabuleuses du Japon ou n'y voir qu'une invention fantasque du cerveau de l'artiste. Cette incertitude nous a empêché d'en parler dans notre Introduction.

La potiche que nous décrivons faisait partie d'une paire, qui devait être un des plus précieux échantillons que l'Angleterre possédât de la faïence de Kioto, dernière époque. La paire a figuré en 1874 à l'Exposition de Londres, où elle a attiré, de la part des amateurs, une attention toute particulière.

Hauteur, 0${}^{m}$556.

(*Appartient* à M. Holbrook Gaskell.)

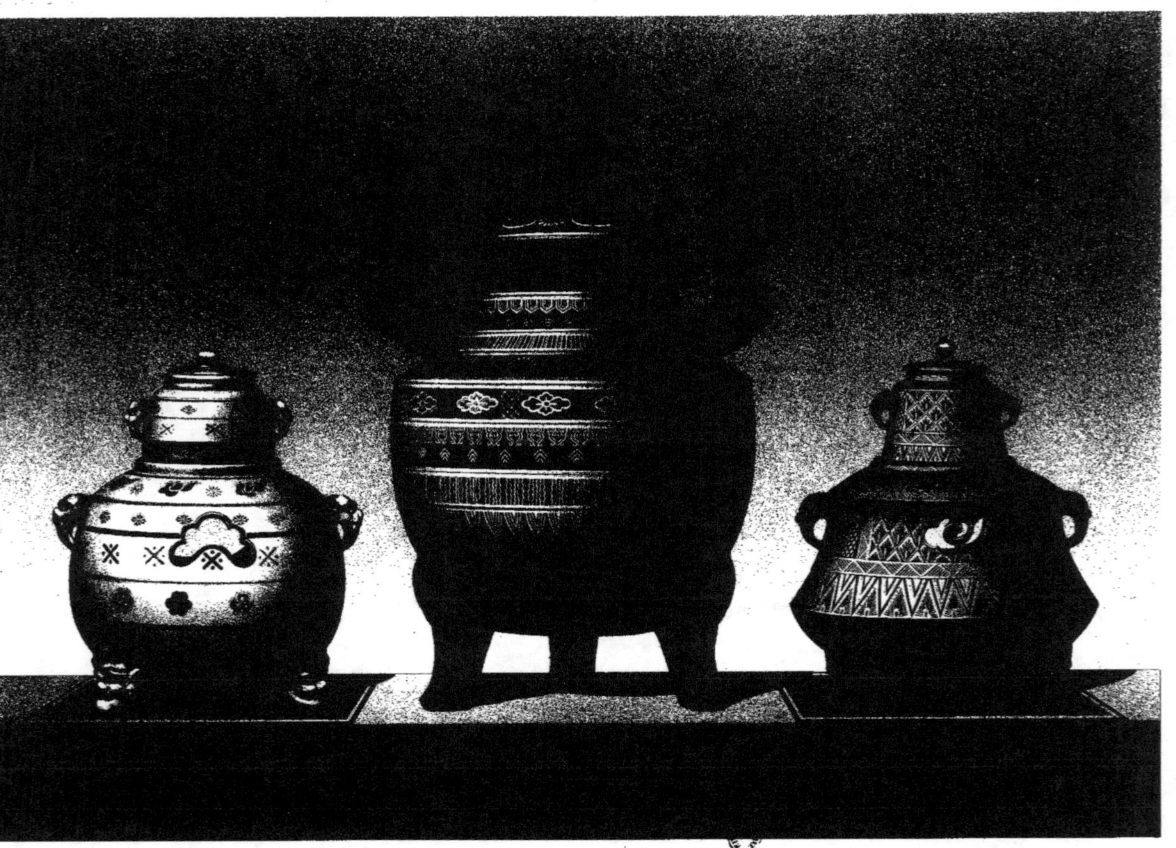

Imp. Lemercier & Cie, Paris.

# FABRIQUE DE KIOTO.

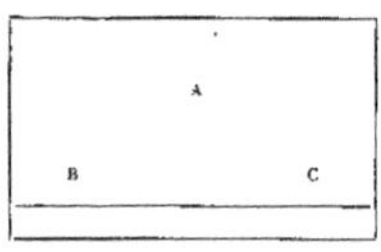



A — *Koro* (espèce de *brasero*), en faïence brun clair, couverte d'un brillant vernis, craquelé. L'ornementation, du caractère le plus sobre, a une forte ressemblance avec l'art classique; quelques détails sont pourtant gothiques de sentiment.

Hauteur, $0^m 450$.

(*Appartient à* M. W.-J. Alt.)

B — *Hibatchi,* en faïence de nuance claire, couverte d'un brillant vernis, craquelé. Entre les bandes horizontales, il y a des semés d'ornements géométriques en couleurs et or.

Hauteur, $0^m 219$.

C — *Hibatchi,* en faïence brun clair, couverte d'un mince vernis, craquelé. Les ornements, d'un style sévère, sont disposés en bandes et en panneaux alternés. La couleur dominante est le vert, qui, combiné avec la dorure, produit un effet étincelant.

Hauteur, $0^m 175$.

(*Collection de* M. James-L. Bowes.)

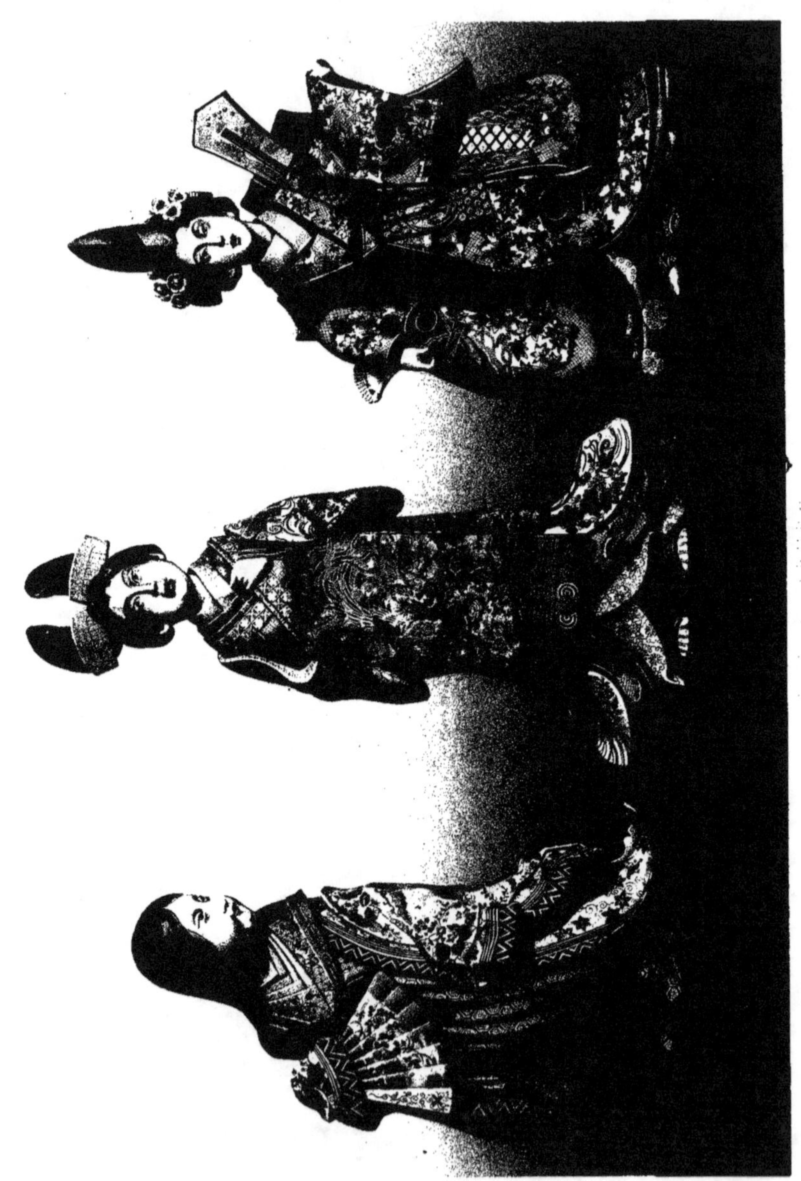

# FABRIQUE DE KIOTO.

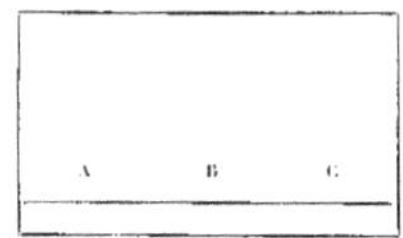

A — Dame en toilette de cérémonie, statuette en faïence, d'une légère teinte crémeuse, couverte d'un mince vernis, craquelé. Les robes, ornées à profusion de fleurs et de ramages, rappellent ces somptueux brocarts d'or et de soie dont l'usage n'était permis qu'aux plus hautes classes. Selon toute apparence, nous avons sous les yeux le portrait d'une jeune fille ; contrairement à la mode accoutumée, elle porte ses cheveux flottants, ce qui est un trait à signaler.

Hauteur, 0m531.

B — Dame de la cour, en grand habit de gala. Cette pièce, d'une faïence à teinte crémeuse, est couverte d'un mince vernis, craquelé. Les différentes parties du costume ont été travaillées avec un soin minutieux et exécutées en brillants émaux de couleur et or ; la plus saillante au point de vue de la décoration est l'écharpe, où l'on a peint le fabuleux *ho-ho* parmi des fleurs, en teintes nourries sur un fond noir, sans doute à l'imitation des merveilleuses broderies qui surchargent habituellement les écharpes de cérémonie.

Hauteur, 0m587.

*(Appartiennent à* M. P.-H. Rathbone.)

C — Dame en toilette de théâtre, statuette en faïence claire à teinte crémeuse, richement peinte en émaux de couleur et or ; en plusieurs endroits l'or n'a point été fixé au feu. Il n'est guère possible de décrire, dans une si courte notice, toutes les variétés d'ornements auxquelles on a eu recours pour rehausser la magnificence des diverses pièces d'habillement ; mais, ici comme pour les figurines qui précèdent, l'exactitude rigoureuse de la reproduction viendra en aide aux lacunes de la légende.

Hauteur, 0m531.

*(Appartient à* M. W.-J. Audsley.)

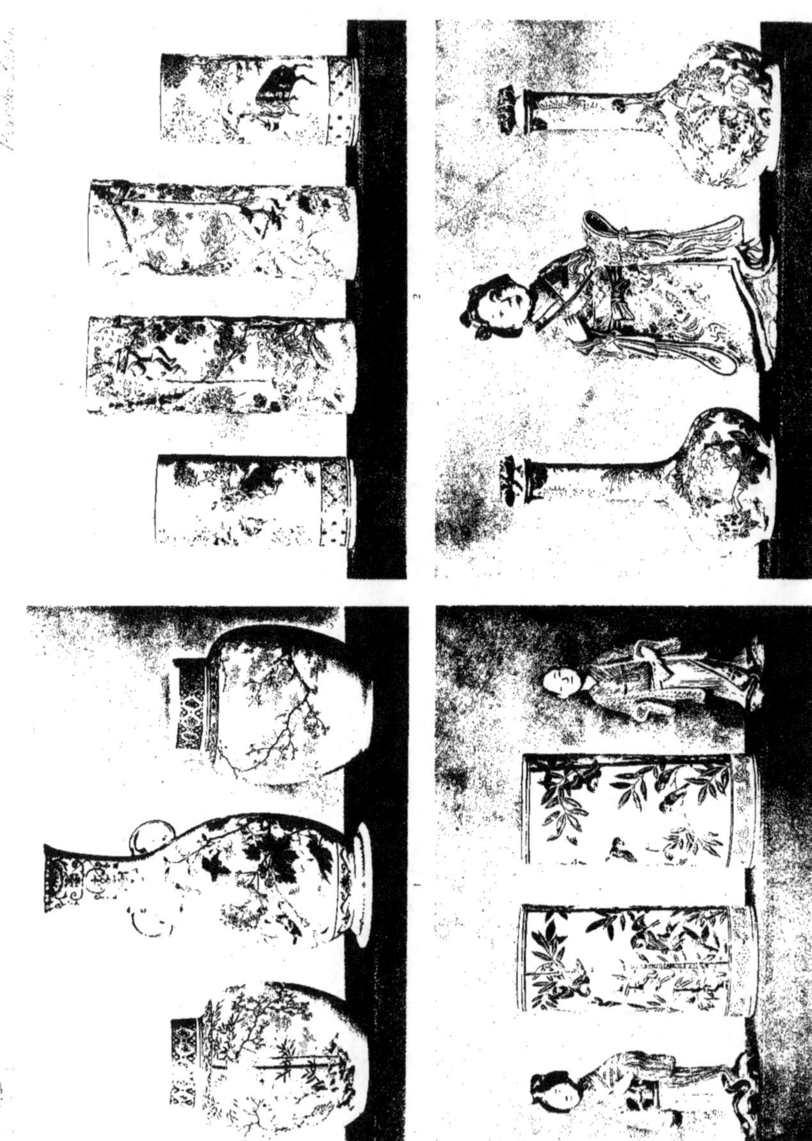

# FAÏENCE DE KIOTO.

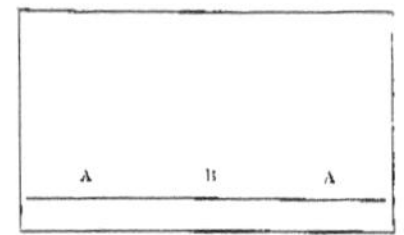

1<sup>er</sup> *Compartiment.*   AA — Jarres couvertes, d'une faïence de belle qualité, artistement décorées de *moumis* et de bambous en couleur d'un ton pâle. Le dessin se distingue par une grande liberté d'allures. Le col et le couvercle portent l'un et l'autre des bordures en damassé. Des marques peintes indiquent que ces belles pièces ont été fabriquées à Kioto par Tan-zan et décorées à Tokio par Tcho-djetsou.

Hauteur, 0<sup>m</sup> 181.

B — Vase, d'une faïence de belle qualité, couleur crème, couverte d'un vernis léger et truité. La décoration, plus montée en couleur que celle des jarres précédentes, est aussi plus mignonne et plus travaillée. Dans les grandes fleurs il y a des émaux d'un rehaut très-accusé. Les oiseaux sont habilement rendus, et les ornements du col et du pied, d'une rare élégance. Cette pièce porte le sceau imprimé de Taï-zan, de Kioto, et une inscription en caractères rouges pour montrer qu'elle a été peinte à Tokio.

Hauteur, 0<sup>m</sup> 287.

(Appartient à M. G.-A. AUDSLEY.)

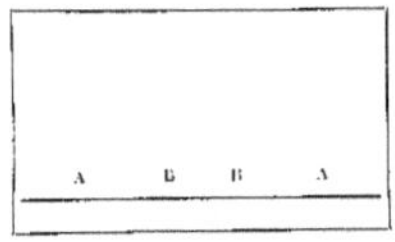

2<sup>e</sup> *Compartiment.*   AA — Petits porte-bouquet, faïence de nuance crème ; ils représentent des enfants et des vaches au milieu d'un paysage. On a employé ici presque partout des émaux plats, les rehauts n'étant appliqués qu'aux fleurs des arbres. Une large bande damassée or et couleur règne autour du pied. La marque donne le nom de Ko-zan, de Kioto.

Hauteur, 0<sup>m</sup> 275.

(Collection de M. JAMES-L. BOWES.)

BB — Grands porte-bouquet, faïence de belle qualité, d'une teinte délicate crème ou vélin et couverte d'un vernis mou truité. On remarque dans le corps de ces pièces un procédé peu ordinaire : la surface en a été pétrie de tous côtés dans l'intention évidente de produire, par les ondulations, des effets d'ombre et de lumière. Sur ce fond artistique se détachent des fleurs et des branchages. Un singe grotesque figure en relief sur chaque vase : ici, il s'accroche à une branche par un bras démesurément allongé ; là, il le laisse pendre. Des nuages d'or relèvent la décoration. C'est une composition d'un style neuf et plaisant. Ces pièces, les plus belles que nous connaissions en ce genre, portent le sceau imprimé de Ko-zan.

Hauteur, 0<sup>m</sup> 375.

(*Collection de* M. James-L. Bowes.)

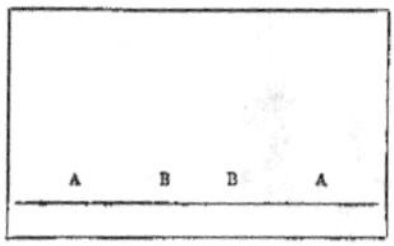

3<sup>e</sup> *Compartiment.* AA — Statuettes d'homme et de femme dans le costume ordinaire des Japonais ; faïence d'Awata, d'un coloris vif et distingué. Point de marque.

Hauteur, 0<sup>m</sup> 256 et 0<sup>m</sup> 237.

(*Collection de* M. James-L. Bowes.)

BB — Petits porte-bouquet, en faïence, décorés, dans un style assez simple, de bambous et d'oiseaux. Les émaux sont vert clair, vert foncé, brun et gris. Quelques feuilles en or. Marque de Taï-zan.

Hauteur, 0<sup>m</sup> 275.

(*Appartient au* docteur T.-F. Grimsdale.)

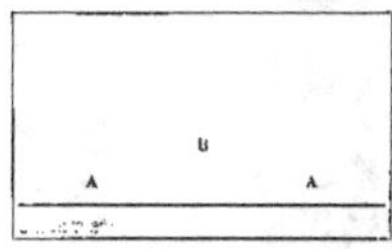

4<sup>e</sup> *Compartiment.* AA — Carafes, faïence crémeuse, traitées à la surface comme les grands porte-bouquet du 2<sup>e</sup> compartiment. Fabrique moderne de Kioto pour l'exportation. Marque de Ko-zan.

Hauteur, 0<sup>m</sup> 30.

(*Appartient à* M. R.-Ph. Spiers.)

B — Statuette représentant une dame de la cour, en belle faïence vélin, d'un vernis craquelé. Cette pièce caractéristique est soigneusement rehaussée d'émaux couleur et or ; en différents endroits les robes sont couvertes de riches dessins, fleurs et damassé, afin d'imiter sans doute les superbes brocarts de soie et d'or que portent les personnages de haut rang au Japon. C'est un modèle parfait de la faïence de Kioto, époque moyenne. Il n'y a point de marque, suivant l'usage pour les œuvres de ce genre.

Hauteur, 0<sup>m</sup> 337.

(*Collection de* M. James-L. Bowes.)

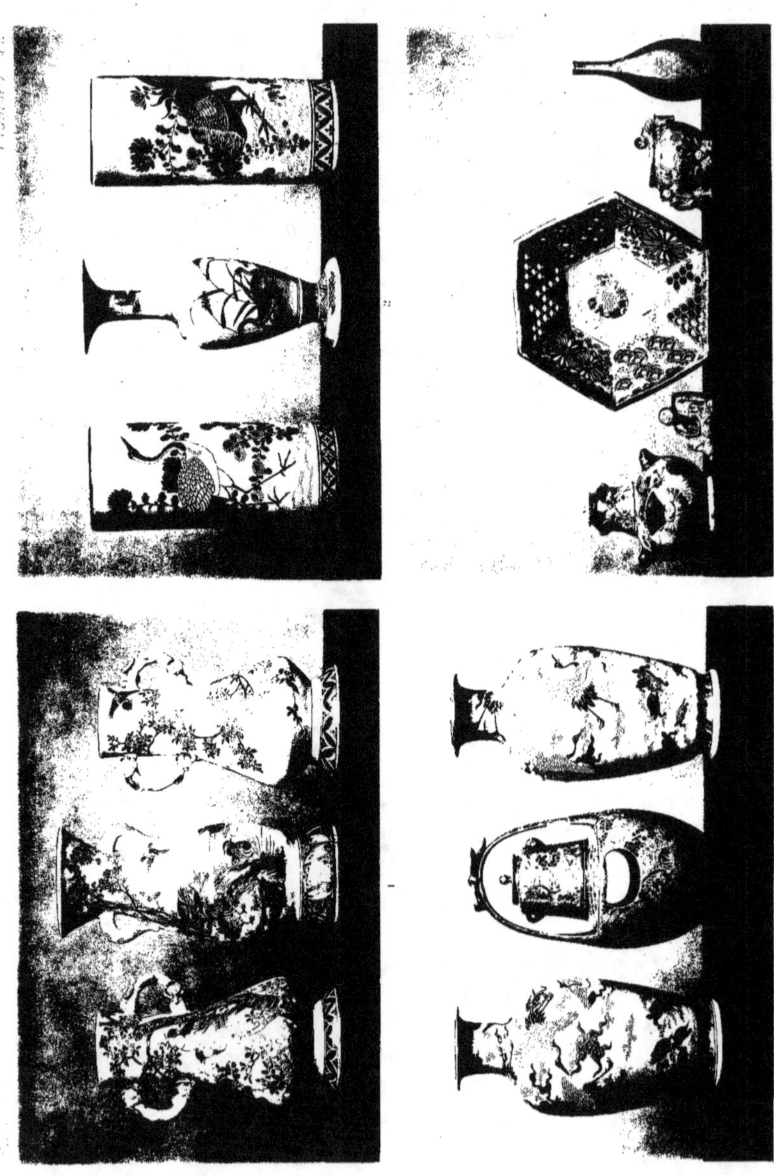

# FABRIQUE DE KIOTO.

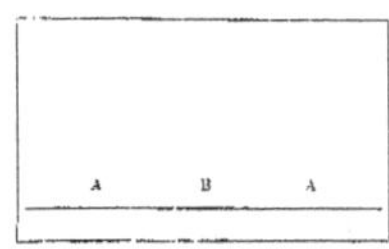

I<sup>er</sup> *Compartiment*. AA — Paire de vases modernes de Kioto, en pâte blanche, couverte d'un brillant vernis à grandes craquelures. D'une fabrication assez grossière, qui leur donne un air de ressemblance avec certaines pièces du vieux Kioto, ils portent un décor d'arbres et d'oiseaux, exécuté d'une touche libre et aisée. Autour des bandes du pied festonnent des zigzags, genre de bordure fréquent dans cette fabrique. Les anses sont façonnées de manière à figurer des branches de *moumi*.

Hauteur, 0ᵐ287.

*(Appartiennent à* M. R.-Phené Spiers.)

B — Vase de même origine et de même style que les précédents: décoré, en couleurs et or, de rochers, d'arbres, de beaux canards et de petits oiseaux, et entouré, à la base, d'une bordure en zigzags.

Hauteur, 0ᵐ337.

*(Collection de* M. James-L. Bowes.)

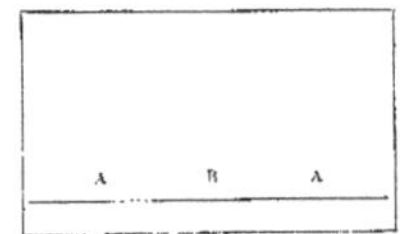

2ᵉ *Compartiment*. AA — Paire de vases cylindriques, de travail moderne, comme ceux du I<sup>er</sup> Compartiment; on y voit de grands oiseaux et des bouquets de fleurs, peints, avec des rehauts, en émaux de couleur et or.

Hauteur, 0ᵐ281.

B — Vase à fleurs, en porcelaine moderne, de pâte blanche, couverte d'un brillant vernis craquelé. Le décor se compose d'ornements de convention autour du pied et de l'embouchure, d'oiseaux et d'herbes aquatiques autour de la panse et du col.

Hauteur, 0ᵐ294.

*(Collection de* M. James-L. Bowes.)

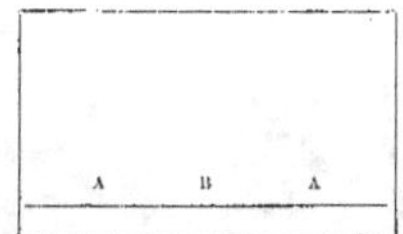

3ᵉ *Compartiment.* AA — Paire de vases, en faïence moderne, d'une riche teinte crémeuse, couverte d'un brillant vernis craquelé. Le décor, style et rendu, en est essentiellement japonais : il comprend, pour les parties supérieures, des vols de grues parmi les nuages, et des tortues pour les parties basses. Les oiseaux sont dessinés avec la vigueur et le faire particulier aux artistes indigènes, et le placage d'émaux qui les recouvre produit beaucoup d'effet.

Hauteur, 0ᵐ 312.

*(Collection de* M. James-L. Bowes.)

B — *Hibatchi*, en faïence brune. Le décor floral est légèrement rehaussé en émaux bleus et verts, d'un usage commun dans certains ateliers de Kioto. La dorure est sobre et ménagée par places.

Hauteur, 0ᵐ 287.

*(Appartient au* major Walter.)

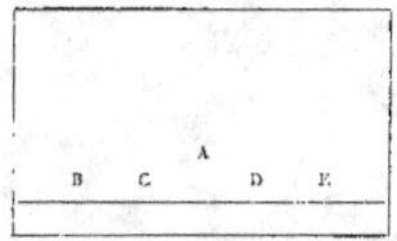

4ᵉ *Compartiment.* A — Assiette à dessert, à six pans, en faïence brune, plaquée d'or et d'émaux bleus et verts. Cette pièce, dont les bords sont ouvragés à jour, porte des damassés sur quatre pans, et, sur les deux derniers, les fleurs du *kikou*, qui sont les armoiries impériales. Le fond est occupé par un magnifique canard.

Diamètre, 0ᵐ 325.

B — *Hibatchi*, en faïence grise, avec des fleurs de chrysanthème en émaux de couleur.

Hauteur, 0ᵐ 200.

C — Figurine, en vieille faïence brune de Kioto, décorée d'émaux verts et bleus et d'or.

Hauteur, 0ᵐ 087.

*(Appartiennent au* major Walter.)

D — Porte-bouquet, de même pâte que la figurine. Cette pièce singulière, tronquée d'un côté, est flanquée de trois enfants, qui ont l'air de jouer à cache-cache.

Hauteur, 0ᵐ 119.

*(Collection de* M. James-L. Bowes.)

E — Bouteille, en fine faïence brune, décorée de dessins géométriques en émaux verts et bleus, et divisée, quant aux compartiments, par des lignes d'or mat.

Hauteur, 0ᵐ 212.

*(Appartient à* M. E. Beck.)

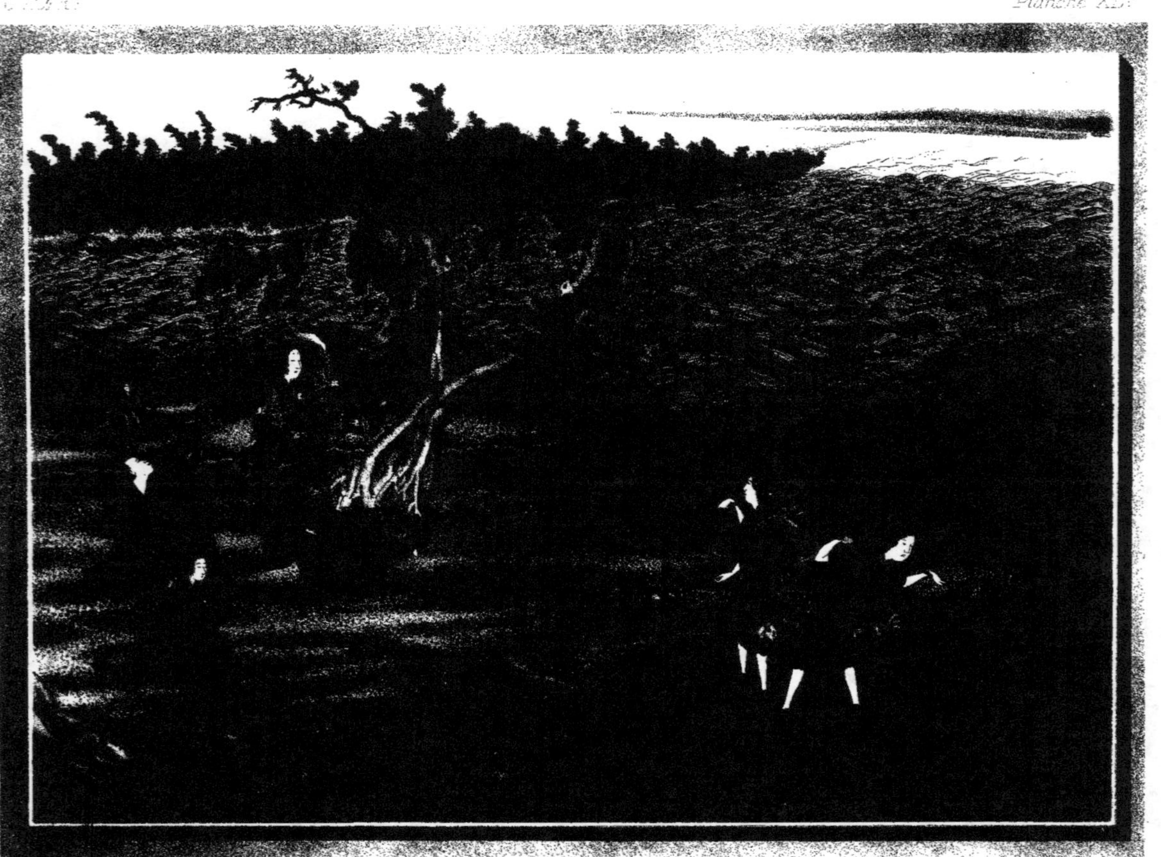
Imp. Firmin Didot & Cie, Paris
Durin, sc.

# PORCELAINE D'OWARI.

Grande plaque oblongue, en porcelaine d'Owari, peinte en camaïeu. La scène qu'elle représente, empruntée à l'un des grands drames japonais, est connue sous ce nom : *le Vent des pins*. L'artiste a très-habilement exprimé l'idée principale par les attitudes tourmentées qu'il a données aux arbres et par la violente brise qui soulève les vagues. Les personnages sont divisés en deux groupes : l'un, celui de gauche, salue avec joie le souffle bienfaisant ; l'autre, à droite, puise l'eau nécessaire à la confection du sel que fait évaporer le Vent des pins. C'est du moins l'explication que nous a donnée un savant Japonais ; mais il nous a été impossible de rien apprendre touchant le drame d'où est tirée cette scène.

Le dessin et l'exécution générale, eu égard au genre de matériaux employés, sont d'une qualité remarquable, et l'on a obtenu des effets de vigueur en multipliant les ombres et en dégradant les nuances. L'impression en chromolithographie de cette splendide pièce a rencontré beaucoup de difficultés, surtout pour en rendre le délicat coloris ; on les a surmontées toutefois en ayant recours à un grand nombre de pierres d'un bleu différent.

On voit très-rarement des plaques de porcelaine égaler celle-ci, soit pour les dimensions, soit pour le fini du travail ; la vérité est que nous n'en avons trouvé qu'à l'Exposition de Vienne, où a été acquise cette pièce, qui était une des plus intéressantes de la section de céramique. Les rares plaques, qui n'ont pas été vendues à cette époque, ont été envoyées, en 1874, à l'Exposition internationale de Londres, d'où elles ont passé dans des collections particulières.

La plaque reproduite est de fabrication moderne, et porte au dos, sur un cartouche en creux, la marque suivante : *Porcelaine du Japon. Fabrique de Kawamota Shokichi.* Elle est parfaite de couleur, et l'on n'y voit aucune trace de soufflure ou de craquelure.

Longueur, 0ᵐ 796. Largeur, 0ᵐ 554.

(*Collection de* M. James L. Bowes.)

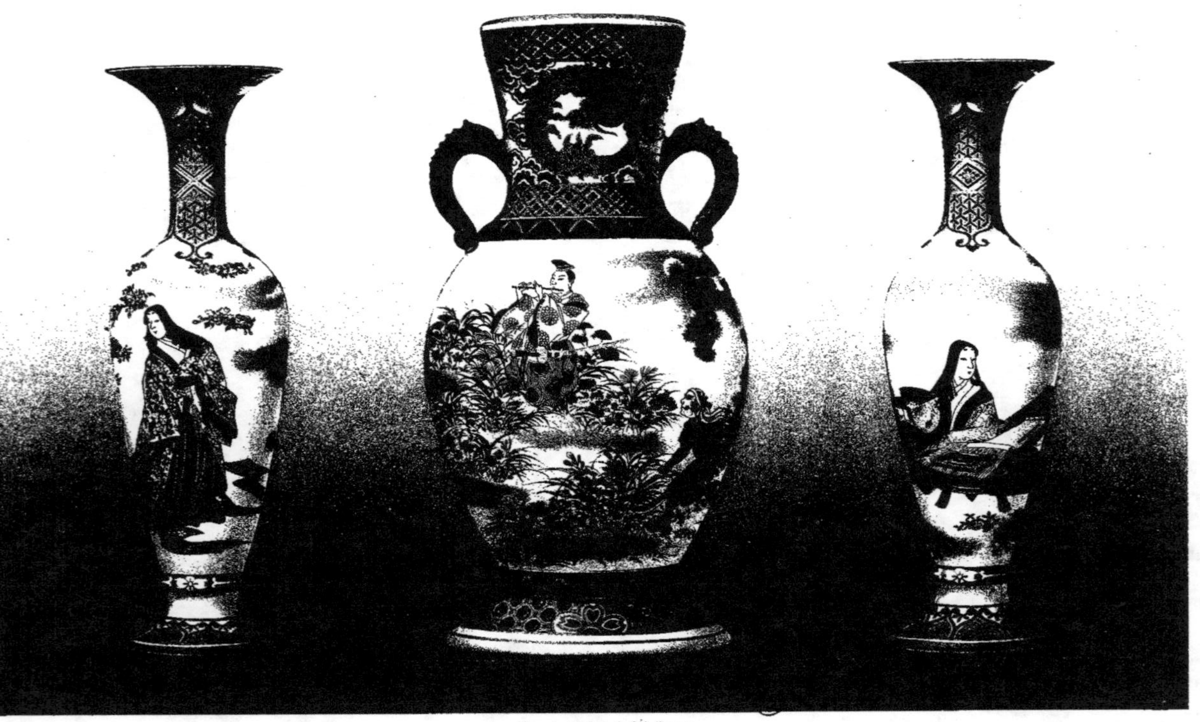

Imp. Firmin-Didot & Cie, Paris.

Levet...

# FABRIQUE D'OWARI.

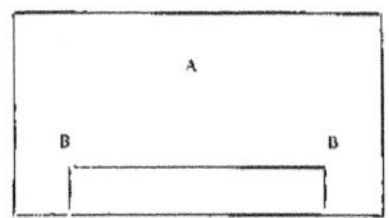

A — Vase, en porcelaine moderne d'Owari, de fine qualité, des ateliers de Rokou-béi. Des dragons et des dallages en or et émaux de couleur décorent le tour du col et du pied. Sur la panse est figurée une scène familière aux Japonais, et qui représente un personnage en riches habits et sabre à la ceinture, un noble probablement, qui se promène dans un jardin au clair de la lune en jouant de la flûte, tandis qu'un malfaiteur s'approche à la dérobée pour lui ôter la vie.

Hauteur, 0<sup>m</sup>275.

*(Appartient au* major WALTER.)

B B — Paire de potiches à fleurs, en porcelaine moderne d'Owari, de forme européenne. Le col porte des dessins de convention ainsi que le pied, qui, de plus, est entouré d'un bracelet en relief. Les femmes qui occupent le centre sont des poétesses : l'une écrit des vers, l'autre en compose.

Ces pièces élégantes ont été moulées par Kato-Gantaro (de Séto) et peintes à Tokio, dans l'école des artistes de cette ville.

Hauteur, 0<sup>m</sup>300.

*(Collection de* M. JAMES-L. BOWES.)

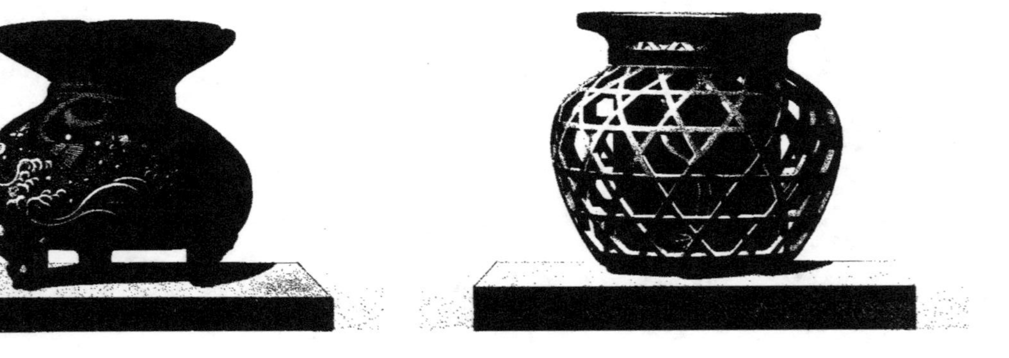

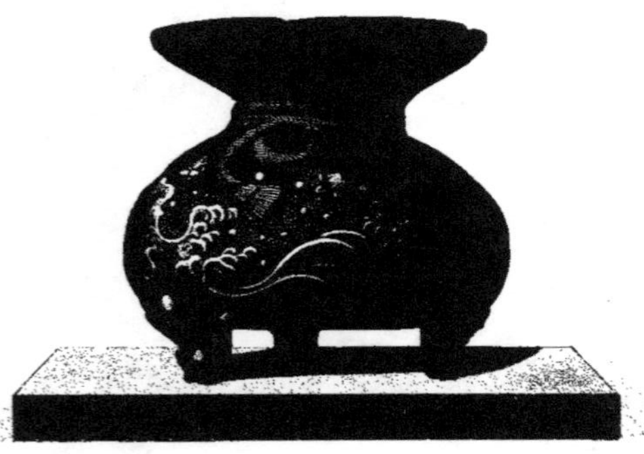

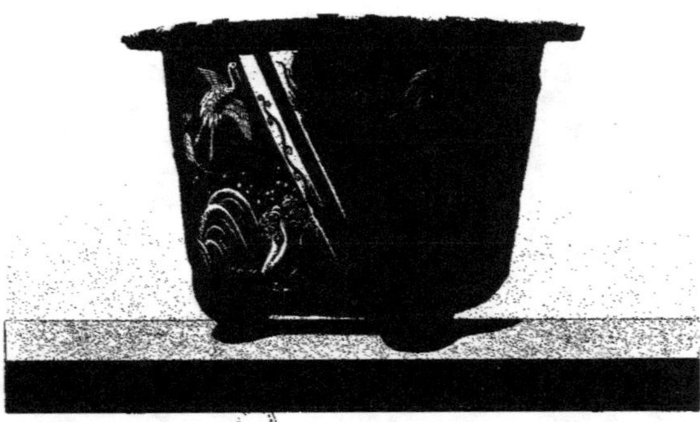

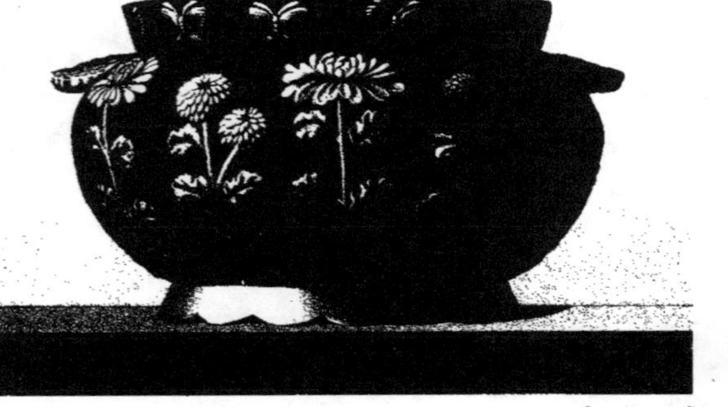

Imp. Firmin-Didot & Cie, Paris.

Leveil, lith.

# FABRIQUE D'OWARI.

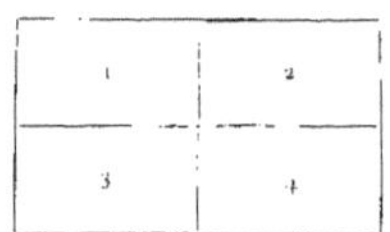

1<sup>er</sup> *Compartiment*. — Porte-bouquet en forme de bourse, en porcelaine fine d'Owari, en partie couverte d'un émail bleu intense spécial à cette fabrique; des oiseaux volant au-dessus des vagues composent le décor. Pièce assez rare, à cause des riches couleurs de la cordelière qui entoure le col et des figurines qui servent de pieds.

Hauteur, 0<sup>m</sup>225.

*Appartient à M. W.-A. FRANKS.*

2<sup>e</sup> *Compartiment*. — Porte-bouquet, porcelaine fine d'Owari. Il consiste en deux emboîtements : celui du dehors est blanc et à jour, à l'imitation des cages en bambou; celui du dedans est rond, émaillé de bleu sombre, avec des cigognes blanches en relief.

Hauteur, 0<sup>m</sup>225.

*(Collection de M. JAMES-L. BOWES.)*

3<sup>e</sup> *Compartiment*. — Porte-bouquet, en porcelaine fine d'Owari, émaillé d'un bleu intense et orné de tiges de chrysanthème, dont le relief est délicatement accusé; il y a sur le bord des papillons, placés à intervalles réguliers. Cette pièce, d'un grand intérêt décoratif, a été apportée du Japon par son propriétaire actuel.

Hauteur, 0<sup>m</sup>185.

*(Appartient au DUC D'ÉDIMBOURG.)*

4<sup>e</sup> *Compartiment*. — Porte-bouquet, porcelaine fine d'Owari, émaillé du bleu spécial à cette provenance. Des grues qui volent au-dessus de la mer, voilà le décor, qui, en outre, est traversé en diagonale de bandes blanchâtres avec des dragons bleus. Pièce acquise en 1862, par la Commission royale à l'Exposition universelle de Londres.

Hauteur, 0<sup>m</sup>350.

*(Musée de SOUTH KENSINGTON, collection céramique.)*

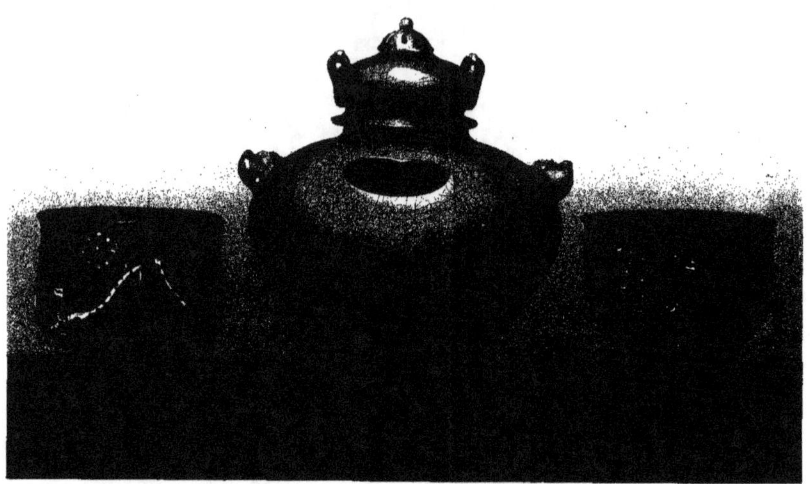

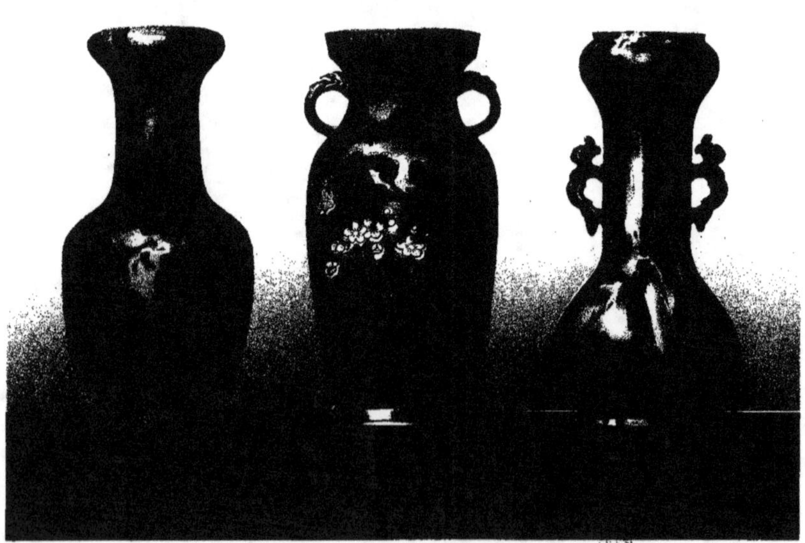

imp. Eugène Didot & Cie. Paris
Levé, lith

# AWADJI ET AUTRES PROVENANCES.

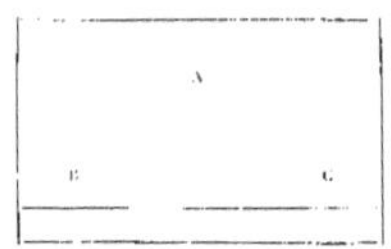

I<sup>er</sup> *Compartiment*. A — Grand *hibatchi*, en grès brun, couvert d'un épais céladon, dont les craquelures sont accentuées par les taches qui les accompagnent. Bon spécimen des articles de Mikawadji (province de Fizen).

Hauteur, 0<sup>m</sup>300.

B — Bol à thé, en argile, d'un travail grossier, couverte d'un vernis brun, et ornée en relief des armoiries de la maison de Soma : une fleur et un cheval attaché à deux piquets. L'introduction d'un quadrupède dans les armes de cette famille est le seul exemple connu dans le blason japonais. On fabrique cet article à l'usine de Nakamoura (province d'Inaki).

Hauteur, 0<sup>m</sup>075.

C — Bol à thé, en argile brune, à la surface en bossage rustique, et sous vernis moucheté. Comme dans toutes les provenances authentiques de la variété *soma*, cette pièce originale porte le cheval héraldique.

Hauteur, 0<sup>m</sup>081.

(Collection de M. James-L. Bowes.)

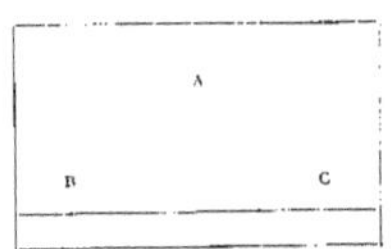

2<sup>e</sup> *Compartiment*. A — Vase d'Awadji, d'un travail fini, et décoré, en légers rehauts, de sapins et de *moumis*. Le fond est couvert d'un brillant vernis jaune, et les arbres sont peints en émaux transparents vert et brun.

Hauteur, 0<sup>m</sup>362.

(Appartient au major J. Walter.)

B — Vase d'Awadji, à teinte grisâtre, éclaboussée de bleu et sous un brillant vernis.

Hauteur, 0<sup>m</sup>356.

C — Vase d'Awadji, richement éclaboussé de vert, de jaune et de pourpre, et sous un brillant vernis. Ce vase et le précédent sont d'heureuses imitations du procédé chinois.

Hauteur, 0<sup>m</sup>356.

(Collection de M. James-L. Bowes.)

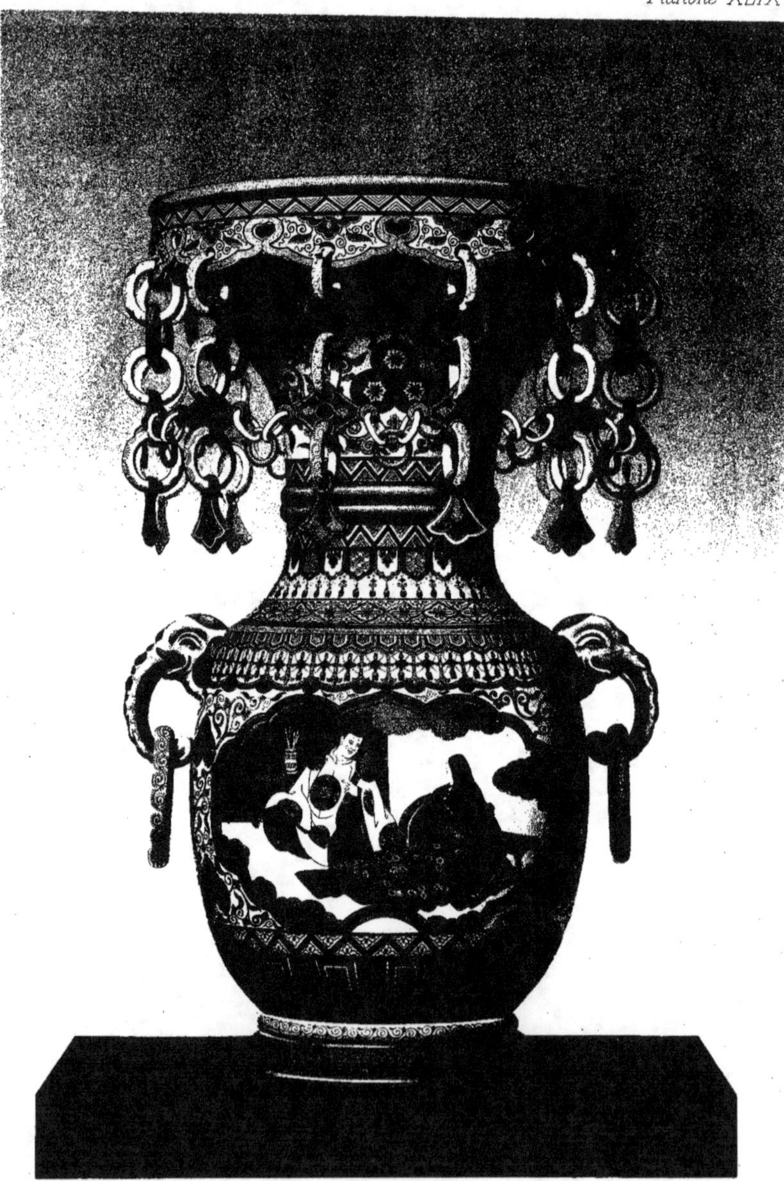

# FAÏENCE D'AWADJI.

Vase à fleurs, d'une belle pâte crémeuse, couvert d'un vernis mince, finement craquelé. La ceinture à larges franges qui retombe du col forme le trait le plus saillant de cette pièce intéressante : elle est faite d'une série d'anneaux, de mailles en losange et de pendeloques, le tout en faïence, façonné sur place et cuit en même temps que le vase, et la difficulté de donner un libre jeu à toutes les parties a été habilement surmontée. La décoration est du caractère le plus étudié et toute de convention, sauf les médaillons à figures. Le fini des détails et la précision avec laquelle ils sont reproduits sur cette planche rendent une plus longue description inutile. La paire de vases, dont celui-ci fait partie, a été exécutée avec un soin qui touche à la perfection, et les ornements en émaux brillants et or produisent un effet des plus riches.

Hauteur, o<sup>m</sup> 412.

*(Collection de* M. James-L. Bowes.)

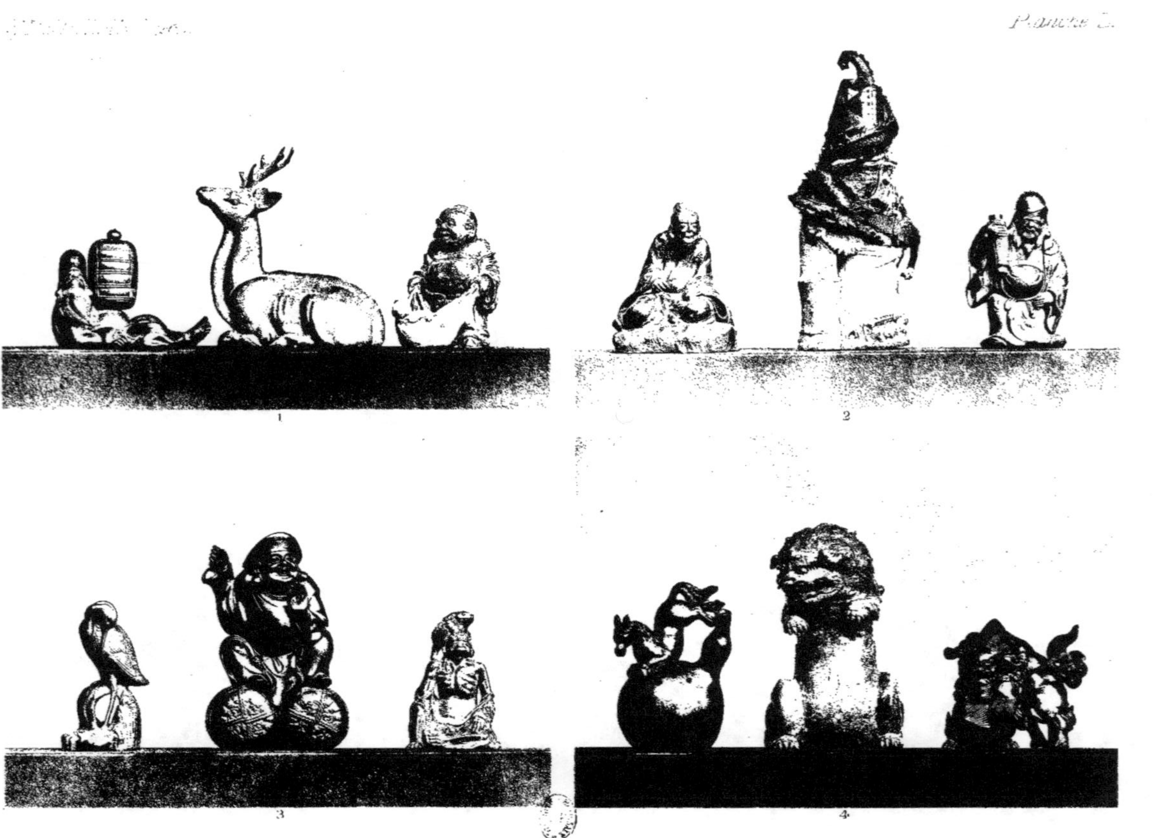

Planche 5.
1
2
3
4

# FIGURINES EN FAÏENCE ET POTERIE DE GRÈS.

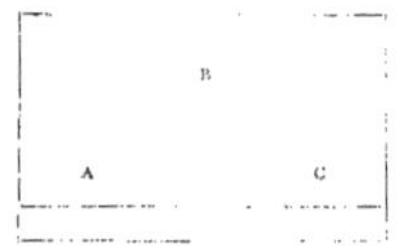

1<sup>er</sup> *Compartiment*. A. — *Djiro-djin*, ou *Chiou-Rô*, dieu de la Vieillesse, en grès brun foncé de Bizen.

Hauteur, 0<sup>m</sup>189.

B — Cerf, en faïence de Kioto, d'un modelé superbe et colorié à l'exacte imitation de l'animal vivant. Une inscription gravée en dessous nous apprend que c'est l'œuvre d'un *daïmio*, artiste amateur.

Hauteur, 0<sup>m</sup>260.

C — *Hotéi*, dieu de la Bonne Humeur, en faïence jaune vernie. Il est représenté en train de bercer un poupon dans un sac. Cette figurine, admirable d'expression et de modelé, n'a pu être reproduite en dimensions assez grandes pour qu'on fasse justice à ses qualités.

Hauteur, 0<sup>m</sup>220.

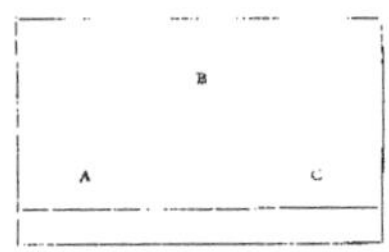

2<sup>e</sup> *Compartiment*. A — *Sennen* bouddhiste, en grès brun foncé de Bizen.

Hauteur, 0<sup>m</sup>232.

B — Cornet à fleurs, en grès, sous couverte d'un vernis marron, façonné en forme d'un tronc de bambou autour duquel s'enroule un dragon.

Hauteur, 0<sup>m</sup>476.

C — *Foukouro-Koudjin*, en grès brun de Bizen.

Hauteur, 0<sup>m</sup>238.

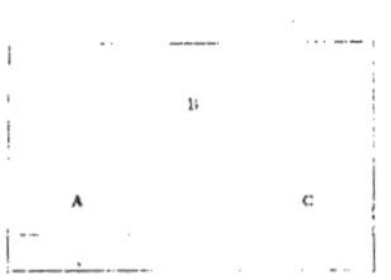

3<sup>e</sup> *Compartiment*. A — Grue au repos, en grès brun de Bizen.

Hauteur, 0<sup>m</sup>238.

B — *Daïkokou,* dieu des Richesses, en grès brun de Bizen. Assis sur deux sacs de riz, il exprime son contentement des offrandes de ses adorateurs. Le marteau de mineur qu'il porte habituellement a été brisé dans la main levée en l'air.

Hauteur, 0$^m$332.

C — *Gama Sannen,* ou le Saint à tête de grenouille. Ce personnage des légendes bouddhiques est d'origine chinoise, et, suivant les traditions en cours au Japon, il est l'emblème d'une longue vie.

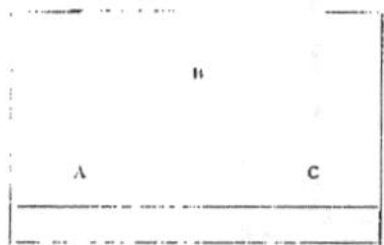

4$^e$ *Compartiment.* A — Cheval lancé au galop, sur une espèce de gourde, percée de trous et qui servait probablement de brûle-parfums; en grès brun de Bizen.

Hauteur, 0$^m$265.

B — Lion debout sur ses pattes de derrière, en grès dur, enduit d'un vernis gris.

Hauteur, 0$^m$350.

C — Combat de lions, en grès brun foncé de Bizen, d'un travail soigné.

Hauteur, 0$^m$194.

(*Collection de* M. JAMES-L. BOWES.)

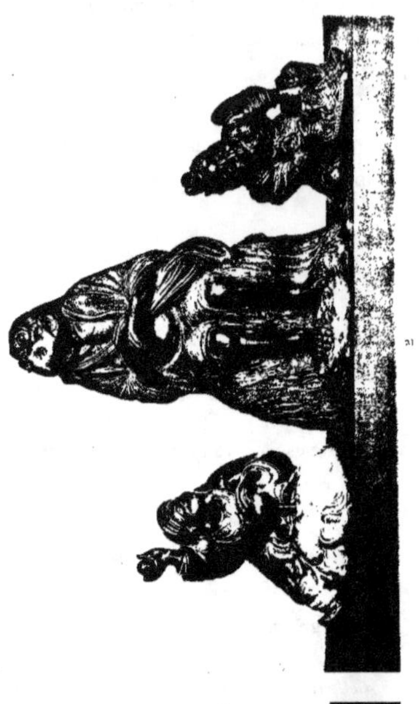
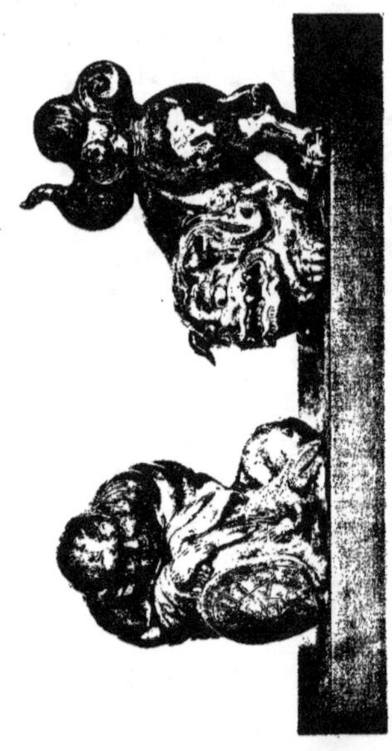
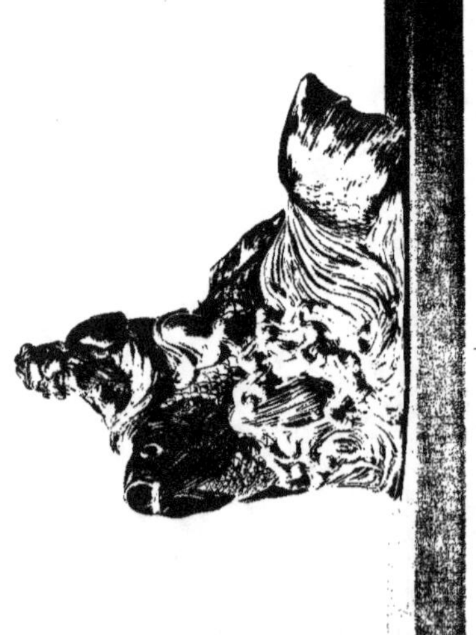
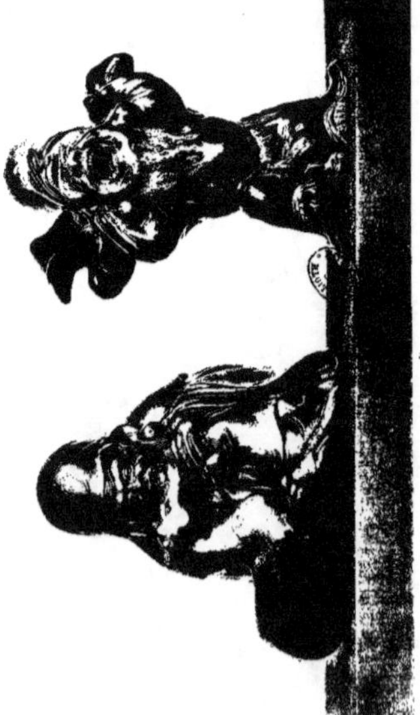

# FIGURINES

## EN FAÏENCE ET POTERIE DE GRÈS.

1<sup>er</sup> *Compartiment. Sennen* bouddhiste, figurine en grès brun lustré; assis sur le dos d'un poisson qui semble émerger des flots de la mer, il tient un livre ou un rouleau.

Hauteur, 0<sup>m</sup>312.

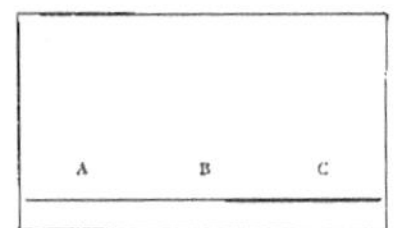

2<sup>e</sup> *Compartiment.* A — *Daïkokou,* figurine en grès, couverte en émaux colorés.

Hauteur, 0<sup>m</sup>175.

B — *Sennen* bouddhiste, en faïence non vernissée.

Hauteur, 0<sup>m</sup>300.

C — *Choïki* avec l'*Oni,* figurine en vieux grès non lustré.

Hauteur, 0<sup>m</sup>150.

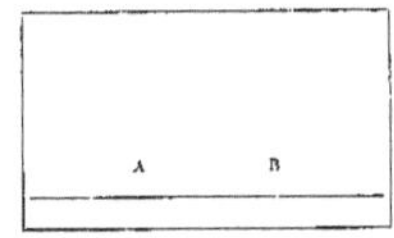

3<sup>e</sup> *Compartiment.* A — *Tochi-tokou,* figurine en grès brun rouge lustré.

Hauteur, 0<sup>m</sup>337.

B — *Djiro-djin,* figurine en grès brun lustré.

Hauteur, 0<sup>m</sup>250.

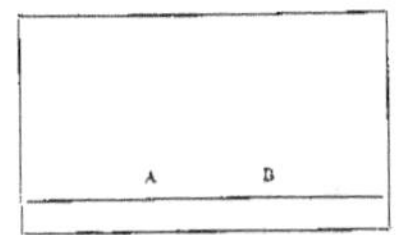

4<sup>e</sup> *Compartiment.* A — Le *Sennen Gama,* figurine en grès, de pâte grise, couverte d'un vernis craquelé.

Hauteur, 0<sup>m</sup>212.

B — Lion, en grès gris, couvert d'un vernis craquelé.

Hauteur, 0<sup>m</sup>337.

(Collection de M. JAMES-L. BOWES.)

# MARQUES ET MONOGRAMMES

## QUI SE TROUVENT SUR LES PIÈCES REPRODUITES DANS

## LA CÉRAMIQUE JAPONAISE

| NUMÉROS D'ORDRE | PLANCHES | OBJETS | MARQUES |
|---|---|---|---|
| | | **MARQUES DE FIZEN** | |
| | | *(Elles sont toutes peintes.)* | |
| 1 | V | Bol. | *Sei nen Djenki*, fait dans la période (japonaise) de Djenki (1570-73). |
| 2 | V | Bol. | Contrefaçon de la marque chinoise du règne de Khien-loung (1736-95). |
| 3 | V | Bol. | Contrefaçon de la marque chinoise du règne de Choun-ti (1455-87). |
| 4 | V | Bol. | Un emblème. |
| 5 | V | Bol. | Contrefaçon de la marque chinoise du règne de Chi-tsoung-hien-ti (1573-1616). |
| 6 | V | Bol. | Contrefaçon de la marque chinoise du règne de Chi-tsoung-sou-ti (1522-66). |
| 7 | V | Bol. | Contrefaçon de la marque chinoise du règne de Chin-tsoung-hien-ti (1573-1616). |
| 8 | V | Bol. | Même marque que la précédente. |
| 9 | VIII, en bas | Assiette ronde. | *Zo Kiso Zo-mokou-an*, fait par Kiso à la fabrique de Zomokouan. |
| 10 | VIII, en bas | Petite assiette ronde. | *Zo Kiso Zo-mokou-an*, fait par Kiso à la fabrique de Zomokouan. |
| 11 | VIII, en bas | Plat carré. | *Zo-Hi-gou-tchi Nan-sen zan*, fait par Higoutchi à la fabrique de Nan-senzan. |
| 12 | VIII, en haut | Couple d'assiettes. | Un emblème. |
| | | **MARQUES DE KAGA** | |
| | | *(Elles sont toutes peintes.)* | |
| 1 | XXVI | Grand vase. | *Koutani.* |
| 2 | XXVII | Bol. | *Koutani Ho;* ce dernier mot est le nom du fabricant. La marque carrée est une des significations de Koutani. |
| 3 | XXX | Grand plat. | *Koutani.* |
| 4 | XXXI | Petite coupe. | *Koutani Sei-kan zo*, fait par Séikan, à Koutani. |
| 5 | XXXI | Bocal à couvercle. | *Koutani Iwazo sei*, fait par Iwadzo, à Koutani. |
| 6 | XXXI | Assiette. | *Fou-kou*, richesse. |

| NUMÉROS D'ORDRE | PLANCHES | OBJETS | MARQUES |
|---|---|---|---|
| 7 | XXXII | Bol. | *Ki-ʒan Koutani*, Kizan à Koutani. |
| 8 | XXXIV, 2ᵉ compartiment | Plat. | *Ga Kiou-rokou sei Koutani Dai Nippon*, peint par Kiourokou, fait à Koutani, Grand Japon. La marque carrée est le monogramme de Kiourokou. |
| 9 | XXXIV, 4ᵉ compartiment | Couple de plats. | *Koutani To-ʒan*, Tozan à Koutani. |

## MARQUES DE KIOTO.

| NUMÉROS D'ORDRE | PLANCHES | OBJETS | MARQUES |
|---|---|---|---|
| 1 | XXV | Vase *rakou*. | *Kiou-rakou*, nom du fabricant. M. impr. |
| 2 | XXV | Bol à thé. | *Rakou*, joie. M. impr. |
| 3 | XXV | Bol à thé. | Même marque imprimée. |
| 4 | XXXVI | Bol d'Awata. | *Ga Ho-yen, Matsoumoto Tokio*, peint par Hoyen Matsoumoto, à Tokio. M. peinte. |
| 5 | XXXVI | Grand *hibatchi*. | *Taï-ʒan Awata*, Taïzan à Awata. M. impr. |
| 6 | XXXVI | Petit *hibatchi*. | Même marque. |
| 7 | XXXVIII | Petit *koro*. | *Yei-rakou*, nom du fabricant. M. impr. |
| 8 | XXXVIII | Bol à thé. | Même marque. |
| 9 | XXXVIII, au centre | Petite coupe. | *Zo Yei-rakou Dai Nippon*, fait par Yéirakou, au Grand Japon. M. peinte. |
| 10 | XXXVIII, *ibid.* | Coupe. | Même marque. |
| 11 | XXXVIII, en haut | Pot à eau. | *Kin Ko-ʒan*, nom du fabricant. M. impr. |
| 12 | XXXIX | Grand plat. | *Sei Tan-ʒan Nippon*, fait par Tanzan, au Japon. M. peinte. |
| 13 | XLIII, en haut | Jarre couverte. | *Ga Cho-djetsou Tokio*, peint par Chodjetsou, à Tokio. M. peinte. |
| 14 | XLIII, *ibid.* | Vase. | *Sima-outchi Chin-ʒan Tokio sei*, peint par Simaoutchi Chinzan, à Tokio. M. peinte. *Nota.* Cette pièce paraît être une imitation. |
| 15 | XLIV, en haut | Vase. | *Zo Chou-hei Dai Nippon*, fait par Chouhéi, au Grand Japon. M. peinte. |
| 16 | L, en haut | Cerf. | *Nagami Iwao kori wo tsoukourou*, Nagami Iwao a fait cela. M. gravée. |

## MARQUES DIVERSES.

| NUMÉROS D'ORDRE | PLANCHES | OBJETS | MARQUES |
|---|---|---|---|
| 1 | XVI | Plateau. | *Ga hitsou Fou-ha so do*, peint par le pinceau de Fouhasodo. M. peinte. |
| 2 | XXIV, en haut | Boîte à couvercle. | *Fou-kou*, richesse. M. peinte. |
| 3 | XXIV, *ibid.* | Paire de vases. | *Hiakou san-djiou-ni ban*, numéro 132 (probablement le numéro de roulement de ces vases). M. peinte. |
| 4 | XXIV, *ibid.* | Boîte carrée. | *Fou-kou, Rokou, Dʒiou*, richesse, bonheur, longévité. M. peintes. |
| 5 | XXIV, en bas | Petit *koro*. | *Ban-ko Nippon Youhan*, genre *banko*, fait par Youhan, au Japon. M. impr. |
| 6 | XXV | Théière. | *Gando djin Ban-ko*, genre *banko*, fait par Gandodjin. La grande marque carrée est le monogramme du fabricant. M. impr. |
| 7 | XXV | Pot à eau. | *Oung-soui*, nom du fabricant. M. impr. |

| NUMÉROS D'ORDRE | PLANCHES | OBJETS | MARQUES |
| --- | --- | --- | --- |
| 8 | XXV | Assiette. | *Sei Sanrakou yen*, fait à la fabrique de Sanrakou. M. impr. |
| 9 | XXV | Théière. | *Ban-ko*, nom de la variété. M. impr. |
| 10 | XXV | Flacon à *saki*. | *Asa-hi*, lumière du matin, nom donné à cette variété à cause de la prétendue ressemblance de sa couleur avec celle des bols d'un fameux potier coréen, qui portait ce nom-là. M. impr. |
| 11 | XXV | Théière. | *Mori oudji*, famille Mori (les meilleurs potiers de Kouwana). M. impr. |
| 12 | XXV | Théière. | *Yofou ken Chioudjiou ço*, fait par Chioudjiou à la fabrique de Yofou. M. impr. |
| 13 | XXV | Assiette. | *Hong Minato yaki Sakai Senchiou Kitchiyemon*, article original de Minato, fait par Kitchiyémon, à Sakaï (Senchiou). M. impr. |
| 14 | XLV | Plaque. | *Sei Kawamoto Masoukitchi Seto Nippon*, fait par Kawamoto Masoukitchi, à Seto (Japon). M. peinte. |
| 15 | XLVI | Paire de vases. | *Kato Gantaro kori wo tsoukourou Seto Nippon*, Kato Gantaro a fait cela à Seto (Japon). Sur le côté on lit : *No djou Otono Komathi*, ce qui veut dire que le sujet est une peinture d'Otono Komathi, dame renommée pour sa grande beauté et qui vivait il y a un millier d'années. M. peintes.<br>Une troisième inscription porte : *Ga Kohanawa Itchirakou Tokio*, peint par l'artiste désigné à Tokio. M. peinte. |
| 16 | XLVIII | Bol à thé. | *Kinchidji*, nom du fabricant. M. impr. |

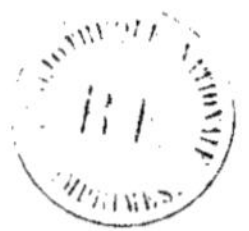

PARIS. — TYPOGRAPHIE FIRMIN-DIDOT ET Cⁱᵉ, 56, RUE JACOB. — 9310.

c

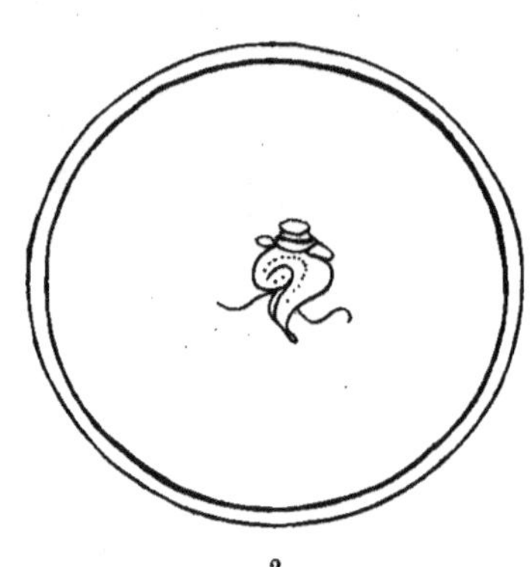

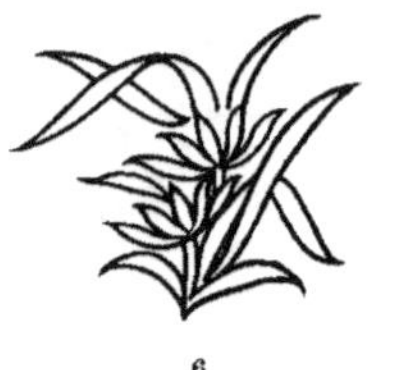

1

2

3

4

5

6

7

8

9

10

11

12

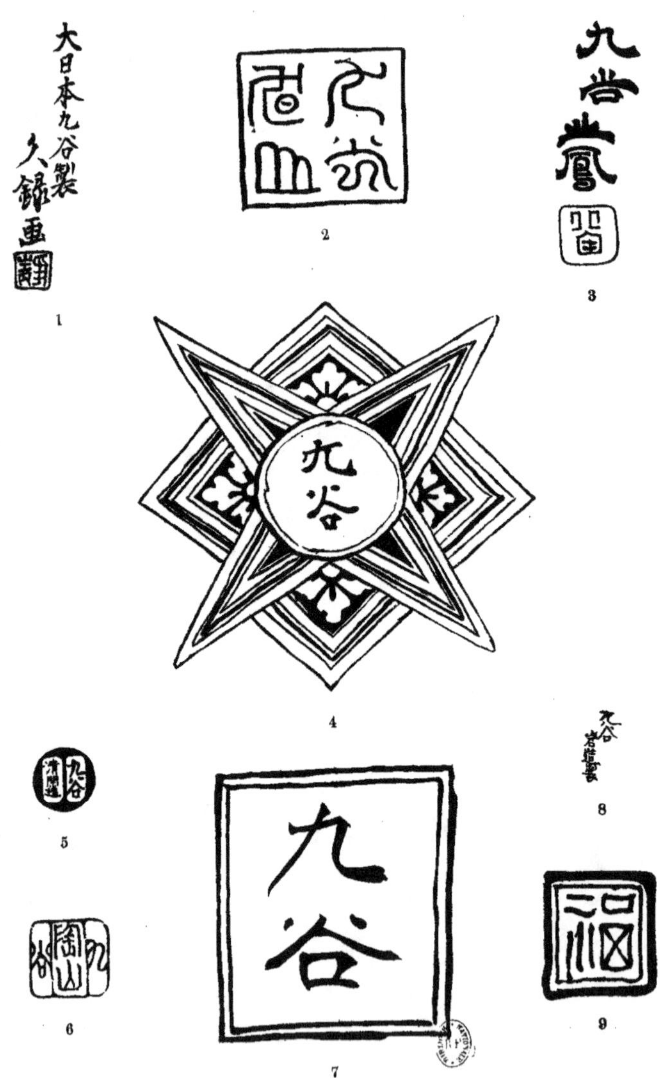

MARQUES DE KIOTO.

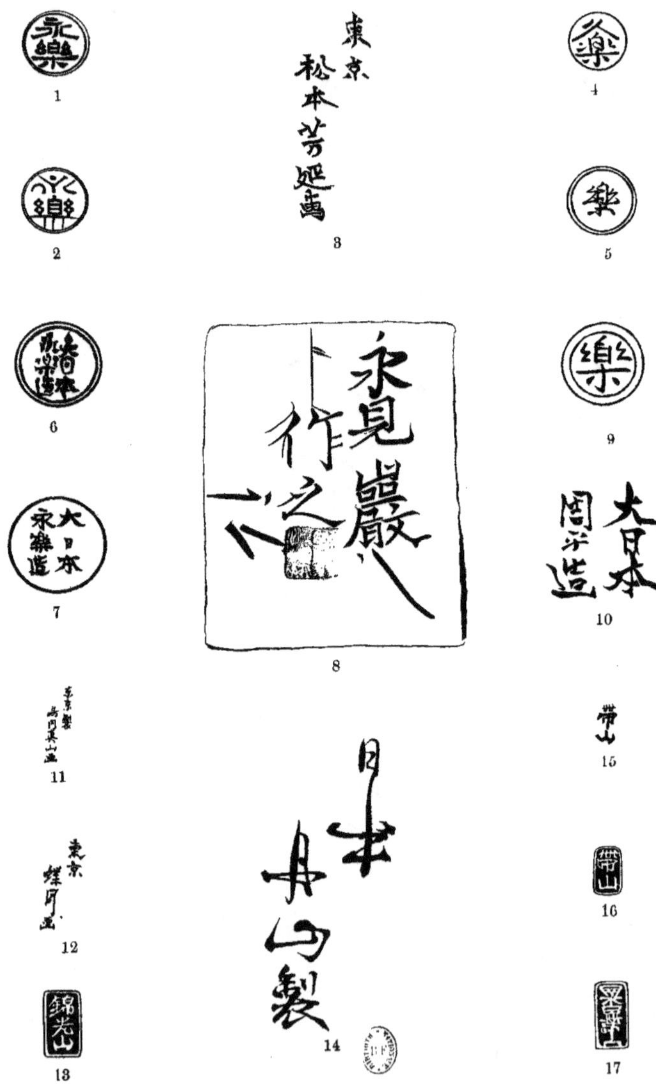

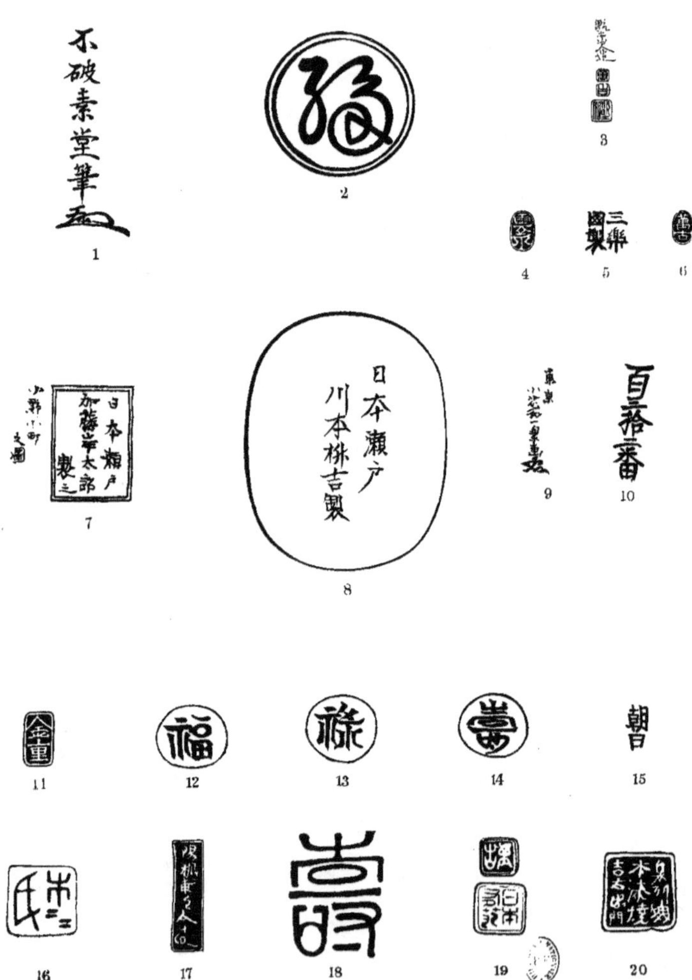

# AVIS AU RELIEUR

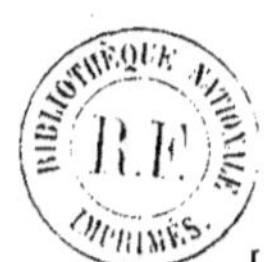

## L'OUVRAGE FORME DEUX VOLUMES

### LE TOME I COMPREND :

1° Le faux titre et le titre du volume (1);

2° La préface des auteurs;

3° L'Introduction, paginée en chiffres romains de I à LXI, et accompagnée des planches photolithographiques, classées *par lettres* et disposées dans l'ordre suivant :

| | | | |
|---|---|---|---|
| Planche A en face de la page IV. | Planche G en face de la page XVI. |
| — B — — VI. | — H — — XVIII. |
| — C — — VIII. | — I — — XXXVI. |
| — D — — X. | — K — — XLII. |
| — E — — XII. | — L — — XLIV. |
| — F — — XIV. | — M — — XLVI. |

4° L'Art Céramique au Japon, paginé en chiffres arabes de 1 à 84.

### LE TOME II COMPREND :

1° Le faux titre et le titre du volume;

2° La liste des Objets reproduits en chromolithographie ou en autotype, avec les noms de leurs propriétaires;

3° Les planches lithochromiques et autotypes numérotées de I à LI, chacune accompagnée de sa description;

4° La liste des Marques et Monogrammes qui se trouvent sur les pièces reproduites;

5° Quatre planches représentant ces monogrammes, classées dans l'ordre suivant : Marques de FIZEN, — Marques de KAGA, — Marques de KIOTO, — Marques générales.

(1) *Il a été fourni, avec la septième livraison, un titre et un faux titre spécial pour chaque volume, remplaçant le titre général qui a été donné dans la première livraison, et qui conserverait son utilité pour les souscripteurs auxquels il conviendrait de faire relier l'ouvrage en un seul volume.*

www.ingramcontent.com/pod-product-compliance
Lightning Source LLC
LaVergne TN
LVHW021023050726
842519LV00003B/704